AF450043

Scritti di e a cura di
Romolo Perrotta

"Siamo noi pazzi, eterni bambini,
i figli di *Blowin' in the wind*;
che giochiamo di notte
e la notte poi muore e ci lascia così…
Gli occhi gonfi di sonno, le tasche bucate e la testa lassù;
tra le nuvole un sogno
che sogno oramai non è più…

E siamo noi,
siamo i fiori del male;
quelli 'stacci lontano se sei una persona normale!'
Sì, siamo noi,
noi la cattiva strada…
ma per male che vada la strada appartiene anche a noi"

Stefano Rosso
(da *I fiori del male,* contenuto in *Mortacci,* 2007)

SPES

Collana di Scritti politici, economici e sociali

diretta da Romolo Perrotta

vol. 1

Teorie politiche, economiche e sociali hanno ragion d'essere
esclusivamente nella prospettiva della speranza: *spes*, per i latini.
Sperare è avanzare e tendere verso gli altri.
Quelli che hanno pari dignità e umanità.
Princìpi come la libertà (politica), l'uguaglianza (economica)
e la fraternità (sociale) mancano di senso compiuto se non si
risolvono in una realtà concreta, pratica.
La loro mancata attuazione non è solo la disperazione,
ma la solitudine.

Spes
Parlamento mondiale. Perché l'umanità sopravviva
di M. Capanna, S. Barile, F. Minazzi, L. Neri, R. Perrotta
prima edizione: giugno 2021
© 2021, Santelli editore

Gruppo Editoriale Santelli

Santelli editore
Via Pietro Calamandrei, 1
Cinisello B., Milano, 20092
391.4602257
info@santellieditore.it
www.santellieditore.it

Progetto editoriale a cura di
Romolo Perrotta

Mario Capanna
Romolo Perrotta
Stefania Barile
Fabio Minazzi
Luciano Neri

PARLAMENTO MONDIALE

PERCHÈ L'UMANITÀ SOPRAVVIVA

Laboratorio per il Parlamento mondiale
Università della Calabria
Università dell'Insubria

Centro internazionale Insubrico "Carlo Cattaneo" e "Giulio Preti" per la Filosofia, l'Epistemologia, le Scienze cognitive e la Storia della Scienza e della Tecnica dell'Università degli studi dell'Insubria – Varese.

INDICE

PREFAZIONE

Ciclicamente, nella storia occidentale, ricompare la consapevolezza dell'inadeguatezza delle strutture sovranazionali nate, in genere, sull'onda di eventi traumatici o catastrofici. È il caso della *Società delle Nazioni*, nata dopo la prima Guerra Mondiale e della quale il Secondo conflitto dimostrò la tragica inadeguatezza.

Quell'idea era non la mera attuazione dei famosi 14 punti del presidente Wilson, bensì l'onda lunga di un vasto movimento internazionalista e pacifista che aveva trovato nei positivi fermenti della società europea di quegli anni il suo *humus* ideale. Come non ricordare Henri La Fontaine, premio Nobel per la pace, che legò la nascita di quell'organismo internazionale alle idee universaliste ed egalitarie della *Société d'Etudes Sociales et Politiques* della quale fu segretario?

La prima idea di una società sovranazionale agli inizi del XX secolo fu quella di un sistema di arbitrato internazionale obbligatorio. Non un sistema di governo, ma un sistema di risoluzione pacifica dei conflitti; al quale si aggiungerà, successivamente, quello di un organismo giudiziario internazionale che però venne messo in secondo piano al momento della costituzione della *Società delle Nazioni* in quanto non particolarmente gradito alle potenze vincitrici[1].

Le idee e la concretizzazione operativa – come spesso capita – non furono perfettamente allineate, ma il movimento culturale e sociale che le aveva originate continuò una sua strada parallela nel tentativo di far diventare quella prima realizzazione un modello globale. Dall'idea della realizzazione di una città mondiale che concretizzasse a livello politico ed urbanistico il sogno di una convivenza pacifica basata sulla cultura e la conoscenza che rappresentavano il centro del progetto[2], alla realizzazione del *Mundaneum*[3], nel quale era racchiusa la conoscenza del mondo materia-

1. Jeffrey Thyssens, *Henri La Fontaine et l'idée de la paix internationale*, in *Cent Ans de l'Office International de Bibliographie*, Les Impressions Nouvelles, Mons 1995, p. 105.
2. Francesca Fabiani, *Hendrik Christian Andersen. La vita, l'arte, il sogno*, Gangemi, Roma 2003.
3 Paul Otlet, *Fondateur du Mundaneum (1868-1944)*, Les Impressions Nouvelles, Mons 2010.

lizzata in una immane opera di schedatura di ogni testo esistente, un Repertorio Bibliografico Universale. Nelle ultime immagini visionarie di Paul Otlet tale Repertorio diventerà una biblioteca virtuale che, mediante una dematerializzazione del supporto, promuoveva una più ampia diffusione della conoscenza come presupposto ineliminabile per la pace e l'uguaglianza tra i popoli e definiva un indissolubile binomio tra conoscenza e libertà.

Questo binomio è anche il filo conduttore del saggio di Fabio Minazzi che ripercorre la nascita della scienza moderna nel XVIII secolo come indissolubilmente legata all'aumento delle libertà della quale è causa ed effetto, perché la conoscenza richiede libertà, ma la libertà non può che affondare le sue radici nella conoscenza. Il fallimento della prima organizzazione transazionale e la nascita dell'*Organizzazione delle Nazioni Unite* che, nelle dichiarazioni di San Francisco, partiva proprio da quella consapevolezza sembrarono dare un rinnovato slancio alle convinzioni universaliste e pacifiste, ma la Guerra Fredda dimostrò immediatamente i limiti del nuovo organismo che pure aveva ipotizzato un sistema di agenzie specializzate per intervenire più efficacemente nei diversi ambiti operativi.

Il breve testo di Luciano Neri parte proprio dall'analisi della crisi strutturale dell'ONU e del sistema di norme internazionali costruito nel periodo post bellico dalle potenze vincitrici per riaffermare, con forza, la necessità di un organismo politico realmente rappresentativo delle istanze dei popoli e delle nazioni.

I due saggi di Romolo Perrotta e Stefania Barile sono invece la faccia educativa e didattica della medaglia. Se non c'è libertà senza conoscenza, l'atto generativo con il quale l'individuo comunica sé stesso e accompagna l'altro nel cammino della conoscenza è parte ineliminabile del binomio. Le esperienze condotte con gli studenti diventano quindi una meditata riflessione sulla partecipazione attiva e sull'educazione alla libertà e alla moralità, sugli echi e le suggestioni di Maria Montessori e don Giovanni Bosco. Romolo Perrotta mette anche l'accento sull'ipotesi – ancora *in fieri* – della costruzione di un centro di ricerca interateneo[4] sul Parlamento Mondiale, nel tentativo di costruire un luogo "fisico" di scambio e di confronto.

Chiusura ideale e politica del volume è lo scritto di Mario Capanna, che nei periodi finali esplicita compiutamente il filo conduttore dei testi: "Il Parlamento Mondiale, eletto da tutti i popoli secondo il criterio della democrazia rappresentativa – una testa, un voto – può e deve diventare la sede tramite la

---

4. Il Centro dovrebbe nascere tra l'Università della Calabria – Dipartimento di Culture, Educazione e Società – e l'Università dell'Insubria – Centro internazionale insubrico "Carlo Cattaneo" e "Giulio Preti" per la Filosofia, l'Epistemologia, le Scienze cognitive e la Storia della Scienza e delle Tecniche.

quale l'umanità, per la prima volta nella sua storia, si autodetermina, uscendo finalmente da quello stato di minorità su cui si è finora schiacciata, frazionandosi per particolarismi nazionali".

In un messale boemo del 1572 c'è l'immagine del riformatore inglese Wyclif che accende la fiamma, "Hus che aggiunge la legna e Lutero alza in alto una fiaccola"[5], a rappresentare i tre momenti della Riforma protestante e il tributo di Lutero agli altri due pensatori. Wyclif muore nel 1384, le 95 tesi di Lutero sono del 1517-1521. Le scintille hanno bisogno di tempo.

Roberto Guarasci

Direttore del Dipartimento di Culture, Educazione e Società
dell'Università della Calabria

Arcavacata, primavera 2021

---

5. Maria Teresa Beonio Brocchieri, *Wyclif*, Sansoni, Firenze 1975, p. 1.

Mario Capanna

L'ASSISE DEI POPOLI

I problemi non possono essere risolti allo stesso livello di pensiero che li ha generati.

A. Einstein

"Da millenni l'umanità non è esistita in quanto tale", rifletteva tristemente l'uomo, e domandò: "Che pensi, potrà sopravvivere?".

La donna rispose: "Sì, se acquisirà quella coscienza di specie, per cui si riconosce come famiglia umana"...

"Altrimenti?", chiese l'uomo.

"In caso contrario si estinguerà, e la natura ne sarà felice, risorgendo dopo le interminabili ferite subite".

Attesa invano una replica, la donna proseguì: "Che iattura sarebbe, dato che noi siamo, fino a prova contraria, l'unica coscienza dell'universo!".

E aggiunse, prendendo per mano l'uomo: "Mettiamoci al lavoro!... Adesso, perché il tempo stringe"...

1

Un'Assise mondiale rappresentativa di tutti i popoli della Terra: è ciò che l'umanità non si è mai data nella sua travagliata storia millenaria. E i risultati sono di un'evidenza dirompente.

Il mondo sta bruciando.

Per i mutamenti climatici, per la ripresa compulsiva della corsa agli armamenti sia convenzionali che nucleari, per le guerre in atto – "la terza guerra mondiale a pezzi", che è in corso, secondo le pertinenti parole di Papa Francesco – per le guerre commerciali quasi devastanti come quelle degli eserciti, per il predominio del profitto capitalistico che ci ha portato alla società dell'1 per cento: l'1 per cento dell'umanità possiede ricchezze e beni che superano quelli del 99 per cento! Mai si era visto un accaparramento di risorse così concentrato.

Per l'insieme di questi fattori gli scienziati e i premi Nobel, che sovrintendono al *Doomsday Clock* – "l'Orologio dell'Apocalisse" – all'inizio del 2020, prima della pandemia del Coronavirus, hanno spostato le lancette a 100 secondi dalla mezzanotte, che simboleggia la fine del mondo.

Si tratta dell'orario più vicino al "giorno del giudizio" dal 1953 (anno dello sviluppo della bomba all'idrogeno da parte di

Usa e Urss).

2

L'uomo contemporaneo è portato a non pensare a questo preoccupante orizzonte, imprigionato com'è in quel materialismo quotidiano da cui si lascia pervadere, alimentato da una sapiente (insipiente?) propaganda parcellizzata, che spezza, e frantuma di continuo, il quadro d'insieme del mondo.

Così i 7 miliardi e mezzo di donne e uomini, che compongono oggi l'umanità, sono indotti a non rendersi conto che, per continuare a vivere ai ritmi attuali, avrebbero bisogno di due pianeti, anziché dell'unico che abbiamo.

3

Si è giunti a questo punto – vicini al non ritorno – per lontane ragioni storiche e culturali.

Dalla fondazione delle prime città, all'incirca 5 mila anni fa, dapprima con le città-stato, poi con le nazioni e quindi con gli imperi, l'umanità si è concepita basata principalmente sulla divisione: divisione-separazione per etnie, per localismi, per interessi economici, per visioni religiose.

Una continua lotta per l'egemonia sfociata quasi sempre nella guerra, fino a quelle mondiali.

Non si pone sufficiente attenzione sul fatto che è con le prime città che nascono gli eserciti, le burocrazie, la guerra. Ma 5 mila anni sono un battito di ciglia nella storia.

È consolante rilevare che, per più del 90 per cento del tempo in cui l'uomo ha camminato eretto, il concetto di guerra era sconosciuto, come mostrano gli studi di etnologia comparata.

Dunque le attuali condizioni del mondo non sono il risultato di una presunta natura umana votata irreversibilmente all'autodistruzione.

Quella che definiamo "natura umana" è il risultato di una costruzione storica, che dunque può essere superata da un'altra costruzione storica, basata su una diversa visione del mondo.

Perciò Einstein ha scritto a buon diritto: "L'umanità avrà la sorte che saprà meritarsi".

Il punto è proprio questo: saremo in grado di costruire una "sorte" diversa da quella che ci si sta profilando?

4

I mutamenti climatici sono il nuovo paradigma che sta mettendo a repentaglio il mondo.

L'avvelenamento dell'atmosfera, prodotto dalle attività umane subordinate al profitto capitalistico, ha raggiunto traguardi crescenti di allarme.

Nell'ultimo secolo abbiamo bruciato immense quantità di carbone e petrolio, al ritmo di 70 milioni di tonnellate di CO_2 immesse nell'atmosfera ogni 24 ore.

La conseguenza è stata che le concentrazioni di anidride carbonica – che in più di un milione di anni non erano mai giunte a 300 parti per milione – all'inizio del terzo millennio sono salite a 338 ppm.

La Conferenza di Parigi sul clima (dicembre 2015), presentata come un accordo storico fra i 195 Paesi firmatari, prevedeva di contenere al di sotto dei 2 gradi il riscaldamento globale entro il 2020: proposito che si è rivelato di gran lunga insufficiente.

Infatti: alla fine del 2016 l'agenzia meteorologica dell'Onu informava il mondo che, nel 2015, la concentrazione di anidride carbonica aveva superato le 400 ppm, infrangendo quella che era considerata la soglia-simbolo.

Non solo: l'osservatorio di Mauna Loa, nelle Hawaii, la più antica stazione di rilevamento di CO_2 al mondo, registrava, il 18 aprile 2017, il superamento della soglia di 410 ppm.

Lo stesso osservatorio ha registrato, il 2 giugno 2020, ben *417,9* ppm.

Continuando così, avvertono i climatologi, rischiamo di avere causato, in meno di 50 anni, un cambiamento climatico mai verificatosi in 50 milioni di anni.

5

Con il termine "antropocene" – coniato dal chimico olandese premio Nobel Paul Crutzen – viene indicata l'epoca geologica attuale, in cui l'ambiente terrestre, nell'insieme delle sue caratteristiche fisiche, chimiche e biologiche, è fortemente condizionato su scala locale e globale dagli effetti dell'azione umana.

Per avere un'idea concreta dell'impatto delle attività umane sul – nel – mondo basti considerare che abbiamo reso artificiale la Terra, nel senso preciso per cui ci sono ormai più oggetti che esseri viventi.

Secondo lo studio dell'istituto israeliano Weizman, pubblicato su *Nature*, solo la plastica, con i suoi 8 miliardi di tonnellate, sovrasta del doppio il peso degli animali, fermi a 4 miliardi di tonnellate.

Se a ciò aggiungiamo il peso delle metropoli, delle città, delle strade, delle automobili, dei treni ecc., raggiungiamo cifre stratosferiche.

Lo studio afferma che l'umanità, che in termini di peso rappresenta lo 0,01 per cento degli esseri viventi, grava il pianeta, *ogni settimana*, del peso di se stessa.

Il risultato è che le nostre fabbriche riversano sulla Terra 30 miliardi di tonnellate ogni anno.

A questo ritmo la nostra bulimia tecnologica potrebbe portarci, nel 2040, a produrre 30 mila miliardi di tonnellate di massa artificiale.

6

Non è folle pensare di andare avanti così? Fino a quando il mondo potrà reggere gli effetti di questa crescente invasione antropica?

L'impetuoso sviluppo delle conoscenze scientifico-tecnologiche, usate così come oggi avviene – per aumentare il potere di quell'1 per cento che domina la società umana – dà all'uomo contemporaneo un potere mai conosciuto prima.

La questione, per più di un aspetto drammatica, che si pone è: o l'apparato scientifico-tecnologico viene ricondotto sotto il controllo umano e finalizzato a soddisfare i bisogni reali – non quelli indotti – dell'umanità, in equilibrio con l'ecosistema, oppure diventerà il nodo scorsoio destinato a stringersi sempre più intorno al collo degli esseri umani, come già sta avvenendo (i mutamenti climatici ne sono l'avvisaglia più evidente e minacciosa).

Non bisogna essere tecnofobici. Ma si tratta di capire che niente al mondo è neutro, nemmeno il concetto che afferma che niente è neutro, e tantomeno lo sono le scienze e le tecniche.

Se non le indirizziamo a costruire il bene comune – degli uomini e della Terra – esse finiranno con l'assoggettare a se stesse sia gli uomini sia la Terra, in un crescendo destinato a divenire incontrollabile.

7

In presenza di uno stato di cose così preoccupante, il mondo è "governato" dall'unica entità sovranazionale esistente: l'Onu.

Le *Nazioni Unite*, come il nome stesso indica, rappresentano l'insieme delle entità nazionali e degli Stati cui esse hanno dato vita.

Sotto questo profilo esse sono l'evoluzione e la proiezione moderna delle... città-stato: l'umanità non viene rappresentata in quanto tale, come specie e dunque come entità globale, bensì nel suo essere frazionata nelle diverse particolarità nazionali e statuali, che hanno interessi differenti e, spesso, contrastanti, quando non antagonistici.

Di conseguenza i rapporti in seno all'Onu non sono bilanciati in vista dell'interesse umano comune, ma fondati sugli Stati di serie A, di serie B e C...

La *governance* dell'Onu risiede nel Consiglio di Sicurezza, dominato dagli Stati di serie A, ovvero i suoi cinque membri permanenti: Usa, Cina, Russia, Francia, Inghilterra (non a caso tutte potenze nucleari).

Ognuno dei cinque, come è noto, si è arrogato il "diritto di veto": sicché qualsiasi decisione, che non vada a genio ai cinque Stati – o anche a uno solo di loro – è bloccata e resa vana dal veto.

L'Assemblea generale può prendere sì decisioni, ma le sue deliberazioni non hanno valore vincolante per le nazioni del mondo.

Ecco le ragioni di fondo per cui l'Onu, nata in un preciso momento storico dopo la Seconda guerra mondiale, si rivela sempre più obsoleta e del tutto incapace di regolare i destini della Terra: ad attestarlo è il marasma attuale del mondo.

Naturalmente l'Onu fa anche cose buone, ad esempio degli studi approfonditi sui mutamenti climatici, aggiorna i dati dell'Isu (Indice dello sviluppo umano), elabora piani per combattere la fame ecc.

Se si va a leggere la sua Agenda 2030 per lo sviluppo sostenibile, gli obiettivi che vi sono indicati sono del tutto condivisibili. Il problema è: dove sono i risultati concreti, anche dei programmi precedenti?

Sono i presupposti e la struttura che non funzionano. Al riguardo è evidente che il Consiglio di Sicurezza è il ferro vecchio più arrugginito. Più che decidere, per i meccanismi che lo regolano, il suo scopo è permettere di non decidere.

I cinque membri permanenti rappresentano, insieme, poco più di 2 miliardi di persone: una netta minoranza della popolazione mondiale. Perché gli altri quasi 6 miliardi di cittadini dovrebbero sottostare alle loro decisioni (e non-decisioni)? Tanto più che non li ha eletti nessuno, si sono... autoeletti...

8

Da che l'Onu esiste, si è sviluppato, soprattutto negli ultimi tempi, un dibattito a intermittenza circa la necessità-possibilità della sua riforma.

Inutile dire che il dibattito non ha mai portato a nulla, sia perché manca la sede decisionale su cui il dibattito stesso possa poggiarsi sia perché i cinque membri permanenti non vogliono saperne di allargare il cerchio e, poi, perché i candidati (autocandidati?) a entrare nel giro sarebbero molti, per di più in lizza fra di loro.

Sicché la situazione risulta bloccata ed è destinata a restare tale. Controprova: chi dovrebbe diventare Paese di serie A? L'India, con la sua popolazione di 1 miliardo e 370 milioni di abitanti? L'Indonesia (269 milioni)? Il Pakistan (220 milioni)? Il Brasile (212 milioni)? Il Giappone (125 milioni)? La Germania (82 milioni)? E devono essere potenze nucleari, come l'India e il Pakistan, oppure no? Chi lo decide?

In questo aggrovigliato contesto è Papa Francesco a mettere in rilievo (v. enciclica *Fratelli tutti*) la necessità di "prevedere il dare vita a organizzazioni mondiali più efficaci, dotate di autorità per assicurare il bene comune mondiale, lo sradicamento della fame e della miseria e la difesa certa dei diritti umani fondamentali". Senza tuttavia spingersi a indicare quali dovrebbero essere quelle organizzazioni.

9

Una organizzazione mondiale più efficace, "dotata di autorità per assicurare il bene comune mondiale", può sorgere solo se l'umanità nel suo insieme, comprendendosi come specie – ovvero come grande famiglia di persone coinvolta(e) in un unico destino su un pianeta ridotto allo stremo – deciderà di costruirla.

Costituire l'Assise dei popoli del mondo per l'autogestione dell'umanità: ecco ciò che è necessario e urgente.

Il Parlamento Mondiale (d'ora in poi PM), eletto da tutti i popoli secondo il criterio della democrazia rappresentativa – una testa, un voto – può e deve diventare la sede tramite la quale l'umanità, per la prima volta nella sua storia, si autodetermina, uscendo finalmente da quello stato di minorità su cui si è finora schiacciata, frazionandosi per particolarismi nazionali.

Significa che l'umanità matura e assume la coscienza di sé come specie, nessuna frazione esclusa, e decide lo sviluppo (la sopravvivenza?) del suo presente e del suo futuro, in rapporto a tutti gli altri esseri, con cui è in relazione ineliminabile.

Significa elevare al massimo grado la propria intelligenza collettiva, divenendo capace di *inter-legere* e *intus-legere* ("leggere fra" e "leggere dentro") nella complessa realtà dell'esistenza comune del mondo.

10

Il PM può essere composto da mille membri – un eletto ogni 7 milioni e mezzo di abitanti della Terra (poco più dei deputati attuali del Parlamento europeo).

Un'assemblea perfettamente gestibile e operativa, dove tutti i popoli vengono rappresentati con pari dignità, senza che ci siano quelli di serie A, B, C...

Oltre le riunioni plenarie, dove si prendono le decisioni fondamentali riguardanti tutto il mondo, si struttura per commissioni di lavoro sui temi di maggiore importanza.

Il PM dura in carica 5 anni ed elegge il suo presidente, che diviene il Presidente dell'Umanità globalmente rappresentata. Si può immaginare la sua autorevolezza se paragonata a quella del segretario dell'Onu...

11

Lasciando agli Stati la gestione dei problemi interni di ogni singola nazione, il PM delibera sulle questioni basilari dell'umanità: la pace – la guerra deve diventare un tabù – il disarmo a partire da quello nucleare, la salvaguardia dell'ecosistema terrestre, i diritti e i doveri fondamentali, lo sradicamento della fame, le produzioni eque e solidali e l'introduzione dell'onesto guadagno – al posto del profitto onnivoro –, la giusta distribuzione delle risorse, le migrazioni, la difesa e l'incremento di tutti i beni comuni.

Dal punto di vista tecnico, l'elezione del PM non presenta affatto ostacoli insormontabili: seguendo i fusi orari, in un giorno si vota dappertutto e l'indomani si conoscono i risultati.

È evidente che il problema è prettamente culturale e politico: lasciare la vecchia strada per la nuova.

E però ormai vediamo che proseguire sulla vecchia e non imboccare la nuova può comportare conseguenze irreparabili.

È ovvio che la proposta di PM può essere criticata sotto vari aspetti. Ma chi la rifiuta ha il dovere di proporre un'alternativa. Quale? Andare avanti con l'oligarchia attuale, e i suoi effetti?

Ho avuto la fortuna di sperimentare, insieme a milioni di altri, la democrazia diretta e, poi, quella rappresentativa, sia nel Parlamento europeo sia in quello italiano, e dunque ho avuto modo di conoscere direttamente i limiti della democrazia delegata.

Se dico che la democrazia rappresentativa, pur con tutti i suoi difetti, è tuttavia migliore dell'attuale sequestro dei poteri che pesa sul mondo, credo di indicare una conclusione accettabile.

12

Oggi gli Stati sono troppo grandi per i problemi piccoli (e infatti decentrano taluni poteri agli enti locali) e troppo piccoli per affrontare le questioni grandi.

In più prevale generalmente, al loro interno, un processo di verticalizzazione delle decisioni, con governi che tendono in misura crescente all'autocrazia, esautorando spesso, progressivamente, i rispettivi parlamenti.

Così la stessa democrazia rappresentativa va restringendosi, fino a rattrappirsi in mera "democrazia formale".

L'eclissi della democrazia, provocata e insieme utilizzata dal capitalismo finanziario globale, riduce sempre più la politica al predominio dei rapporti di forza e la prepotenza diviene la sua stella polare.

L'assalto al Campidoglio di Washington, il 6 gennaio 2021, da parte di manipoli del presidente Trump sconfitto alle elezioni, da lui apertamente e direttamente istigati, codifica, sebbene debellato, l'alto grado di disfacimento della democrazia istituzionale in quanto piegata a privatizzazione di scopi e interessi.

La politica, di fatto, non c'è più: è sostituita dalla propaganda – di chi ha il potere di farla – e viene a coincidere con la finzione e la simulazione. La propaganda è a sua volta una merce: viene fabbricata – venduta e... comprata – alla stessa stregua delle armi, dei telefoni cellulari, delle auto e dei *computer*.

Ecco perché la "politica", oggi prevalente, è ridotta ad un ruolo ancillare: segue ed e-segue i *diktat* dei poteri dominanti.

In questo contesto l'elezione del PM ridà linfa alla democrazia, inverando il principio *"ciò che riguarda tutti deve essere deciso da tutti"*.

Le persone e i popoli vengono a parlare in prima persona e l'umanità si erge a determinare il proprio destino e quello della Terra.

Una netta, e salutare, inversione di tendenza, rispetto ai silenzi e alla passività delle moltitudini.

13

I 2500 scienziati, che hanno elaborato nel 2007, per conto dell'Onu, il rapporto sui mutamenti climatici, in modo unanime consegnavano all'umanità un messaggio inequivocabile: rilevato che "il 90 per cento dei mutamenti atmosferici è causato dall'uomo", essi ammonivano: "Si avvicina il giorno in cui il riscaldamento del clima sfuggirà a ogni controllo. *Siamo alle soglie dell'irreversibile*".

Per scongiurare il superamento del punto di non ritorno, gli scienziati ci raccomandavano di tenere presente che *"non è più il tempo delle mezze misure"* (come quelle adottate nella Conferenza di Parigi) e ci affidavano tre indicazioni imperative: *"È il tempo della rivoluzione delle coscienze, della rivoluzione dell'economia, della rivoluzione dell'azione politica"* (corsivi miei).

Il PM è sia la conseguenza – il risultato – di quelle tre rivoluzioni sia il mezzo per realizzarle compiutamente.

È la sede attraverso cui possiamo e dobbiamo gestire in comune il bene comune più prezioso che abbiamo: la nostra vita – e quella di tutti gli altri esseri.

L'umanità e il mondo sono inscindibilmente interdipendenti: a dircelo è la stessa fisica quantistica, secondo cui ogni cosa non è realmente comprensibile se non vista in relazione con tutte le altre. Separata da quei nessi, non esiste se non come astrazione.

Comprendere appieno questo è l'obiettivo più alto che l'umanità può e deve raggiungere.

La *coscienza di specie* si dilata fino a divenire *coscienza globale*: la comprensione che la parte è collegata al tutto e il tutto è più delle singole parti che lo compongono.

La pandemia di Covid-19, che dal 2020 ha

colpito l'umanità ovunque, ci ha fatto toccare con mano, in modo bruciante, questa interconnessione fra le persone – e fra loro e la natura. Ci ha mostrato come nessuno può salvarsi da solo, e che la salvezza richiede necessariamente una solidarietà, individuale e collettiva, di autoprotezione, per ridurre la contagiosità del virus, anche a costo di rinunciare ad alcune libertà fondamentali.

Una lezione drammatica alla *hybris* antropocentrica.

14

Va da sé che non si arriverà al PM senza quella *rivoluzione delle coscienze* che gli scienziati, non a caso, hanno indicato per prima – e come condizione necessaria per realizzare la rivoluzione dell'economia e quella dell'azione politica.

È necessario costruire – entro ciascuno di noi e in noi tutti – quella che i greci chiamavano *metànoia*: "correzione di pensiero", "mutamento di parere", in senso lato "*conversione*".

(In altre parti del libro viene indicato il lavoro incominciato verso questo percorso).

15

Il PM sarà il risultato del mutamento di

pensiero necessario e, insieme, il volano di sviluppo per realizzarlo compiutamente.

Costituisce il passaggio dell'umanità dal confine all'orizzonte.

Per salvarsi. In unione con il mondo.

Romolo Perrotta

CRONISTORIA DI UN SOGNO

*Se uno sogna da solo, il suo rimane un sogno;
se il sogno è fatto insieme agli altri, è già
l'inizio della realtà.*

Dom Hélder Câmara

autunno 2003 – Quod omnes tangit ab omnibus approbari debet... Non v'è dubbio: è questa la molla tirata a carica dalla quale è scaturito il tutto. La molla di una sveglia, evidentemente.

Ciò che riguarda tutti, deve essere approvato da tutti!

Siamo oltre 100, ma il silenzio è tombale. I volti si sollevano dal quaderno dove si prende qualche appunto. Le labbra si dilatano incamerando stupore. Gli occhi tradiscono incredulità circa l'affermazione, tanto banale quanto vera e profonda; posta lì, come un macigno, a fare i conti con la nostra storia, con quello che siamo e potremmo (anche se forse ancora non vogliamo) essere.

Dopo tutto a pronunciarla è uno che

ha indissolubilmente associato il proprio nome al Sessantotto: non soltanto quello storico, durato qualche anno; ma poi, e soprattutto, quello profetico, che non ha mai smesso di dispiegare scenarî di luce e di speranza per l'intera umanità. Ma Mario Capanna – che tiene un seminario di 5 giorni all'interno del mio corso per studenti di Scienze dell'educazione, dal titolo "Scuola, società, politica" – sta citando in verità un principio antico, almeno di 1.500 anni, confluito nel e tramandato dal *Codice giustinianeo* (VI sec. d.C.). La *ratio* che lo sottende fa a pugni con la realtà; nella quale, paradossale a pensarsi, esattamente laddove e allorquando si estende il numero degli appartenenti a una comunità, si restringe a dismisura quello degli addetti alle grandi decisioni...

Sì, siamo matti e addormentati, ed è proprio il caso di svegliarsi...

Vittorio Agnoletto, portavoce italiano del *World Social Forum*, presente anche lui al ciclo dei seminarî, ci racconta per l'appunto di persone sveglie che si incontrano più di una volta all'anno, provenendo da tutti i continenti, e si confrontano e desiderano che finalmente l'umanità diventi tale, ossia umana: dovunque e una volta per sempre.

inverno-primavera 2004 – Forse è solo il ticchettìo dei secondi, delle ore, dei giorni che passano; eppure qualcosa ha smosso dal torpore la mente, il cuore, l'animo di pochi. Sono solo 6, su almeno 100. Hanno parlato, discusso, ipotizzato. Si sono documentati e confrontati, addirittura appiccicati fra loro, prima di venirmi a dire che quell'idea del Parlamento mondiale che dovrebbe "approvare a nome di tutti, ciò che riguarda tutti" va messa a nudo, studiata, scandagliata e vagliata, severamente giudicata al cospetto della storia; e soltanto dopo, se valida, ammessa a bordo del treno che viaggia verso un cambiamento del mondo.

Fra loro e me passano poco più di vent'anni. Abbastanza per circoscrivere fenomeni non particolarmente felici come il fascismo o il berlusconismo. Ma quanti anni occorrono per raddrizzare socialmente, economicamente e politicamente, ma soprattutto, razionalmente, quel "legno storto" che è l'umanità?

Sono studenti del terzo anno, prossimi alla laurea. Oppressi dalla logica mercantile dei contratti e dei crediti in cui gli ultimi, scellerati ministri d'ogni partito, hanno gettato l'università. E poi compressi dalla necessità di lasciare presto questo eterno sud che è la Calabria in cerca di lavoro e fortuna. Dopo un po' sono costretti a lavorare in ordine sparso, fra alterne difficoltà.

Possono fare ben poco per l'idea scaturita da loro stessi, ma lo fanno.

Scoprono che George Monbiot, attivista e giornalista inglese, nel medesimo anno e in maniera del tutto indipendente ha pubblicato un libro interessantissimo sullo stesso tema trattato dal *Verrò da te. Il mondo presente e futuro* di Capanna, che aveva fatto da *Leitmotiv* ai seminarî. Si tratta di un *Manifesto for a New World Order*, contenente un capitolo dal titolo *We, the People – Building a World Parliament* (Noi, il popolo – Costituire un Parlamento mondiale); più tardi ripubblicato col titolo *The Age of Consent*; un auspicio che dice: è giunto il momento in cui l'umanità non può più starsene a guardare, ma deve poter dare o negare il proprio consenso per le cose che contano. La scoperta di Monbiot deriva dalla notizia desunta da *internet* che lo annovera tra i partecipanti al *World Social Forum* di Mumbai (gennaio 2004), in una sessione cui prende parte anche Nicola Vallinoto, attivista del Movimento Federalista Mondiale.

I cerchi si chiudono…

E poi trovano che anche il norvegese Johan Galtung, impegnato da sempre nella risoluzione nonviolenta dei conflitti e sul tema della pace, ha parlato di un "Parlamento mondiale" da costituire all'interno delle *Nazioni Unite*, presso le quali egli stesso ha lavorato come funzionario.

A proposito: l'*Organizzazione delle Nazioni Unite*… Al di là delle sue articolazioni, dei suoi commissariati e delle sue agenzie, del come, dove e quando riesce effettivamente ad arrivare per far fronte e porre rimedio ai mali del pianeta, com'è che da *Società delle Nazioni*, per come è nata, fino ai giorni nostri non ha risolto in quasi 60 anni che minuscoli problemi? Com'è che non sta in alcun modo al passo con le *Dichiarazioni universali dei Diritti dell'uomo*? Com'è che non la spunta con decisioni inderogabili sull'inquinamento planetario, la fame, la sperequazione economica, i focolai di guerra, i flussi migratorî, il terrorismo, la criminalità internazionale...?

Risposta: Perché le sue deliberazioni non danno séguito alle effettive esigenze dei popoli; ma servono a imbastire e a mantenere equilibrî delicatissimi (per lo più basati su interessi economici di pochi potentati finanziarî) tra i governi dei singoli Stati. D'altronde, non v'è da meravigliarsi: le *Nazioni Unite* non sono per definizione l'Assemblea dei popoli della Terra, bensì una Organizzazione intergovernativa...

E dunque: perfezionare o andare oltre le *Nazioni Unite*?

estate 2004-estate 2005 – Il lascito dei 6 pionieri è contenuto nell'ambiziosa risposta a quella domanda: se le *Nazioni Unite* debbano essere solo perfezionate o completamente soppiantate da istituzioni rappresentative più dei popoli che dei governi non bisogna chiederlo né ai politici né al loro strascico di politologi, bensì ai cittadini del pianeta; e, perché no?, agli studenti universitarî...

Da ottobre avrò studentî iscritti al secondo anno, ai quali non mancherebbe il tempo per dedicarsi a una ricerca approfondita e a un sondaggio internazionale. L'università mi fornisce un indirizzario e nel cuore dell'estate spedisco per posta circa 200 lettere di invito a una tesi di gruppo. Quando me li ritrovo davanti e li conosco di persona li informo, gli do da leggere il poco indispensabile che c'è a disposizione, si discute e ci si confronta.

Alla fine 11 di loro si risolvono per l'impresa, poiché di questo si tratta.

Concilieranno il tutto, e non è poco!, con le priorità familiari e le brevi opportunità lavorative, coi fronzoli accademici e burocratici. Si entusiasmano e si buttano a capofitto nel lavoro facendo i conti con lo studio curricolare. Sono fantastici e diventano "storici" per l'esperienza cui daranno vita: un Laboratorio che dovrebbe restare permanente fino a quando un Parlamento mondiale non verrà effettivamente costituito. Questi i loro nomi: Carmelo Sergio, Claudia Ammendola, Daniela Gallo, Filomena Castiglione, Francesco Bitonti, Ilaria Bova, Rosalba Bufalo, Selena Vetrano, Stefania Scalise, Teresa Cosentino, Tina Diodati.

Un anno occorre per mettere a punto l'indagine: stabilire dei criterî statistici, individuare dei Paesi da sondare, individuare dei contatti, trovare dei referenti affidabili, stilare un questionario semplice e chiaro, lasciarlo tradurre in più lingue, fotocopiarlo e spedirlo… Se penso all'indifferenza o, peggio, alla neghittosità dell'accademia nel sostenere idealmente e finanziariamente il progetto, capisco che è stato operato un miracolo…

Siamo quasi pronti.

In un incontro "storico", l'8 settembre 2005, all'Università della Calabria, in 5 ore ininterrotte di lavoro intenso affiniamo ogni passaggio con Mario Capanna: guardiamo con compiacimento ai presupposti creati, dettagliamo nei minimi particolari il presente, prospettiamo e immaginiamo con fiducia e speranza il futuro…

autunno 2005-autunno 2006 – Si parte. Sogniamo. Sappiamo che i frutti arriveranno in tempi diversi, giacché ciascuno ha la propria vita, piena di cose, ma ciononostante partiamo e sogniamo.

Saranno mesi concitati; e, per alcuni di loro, anni, di piccoli e grandi successi e delusioni, di appuntamenti saltati, di promesse non mantenute, di coincidenze inattese, di incontri che si tradurranno in grandi amicizie… La rete dei contatti si infittisce: il via vai di carte burocratiche e di fotocopie; di costosissime spedizioni all'estero per andata e ritorno (tutto cartaceo, ovviamente!); di telefonate intercontinentali negli orarî più impensati; di nomi che si mescolano fra loro in appunti sparsi sulla mia scrivania: colleghi universitarî, parenti lontani, studenti in Erasmus, padri missionarî, italiani all'estero, rappresentanti di Ong, ambasciatori e consoli... Li vedo indaffaratissimi e presi, e tocco con mano le sante parole del vescovo brasiliano Dom Hélder Câmara, additatomi come esempio non meno del "sognatore" per antonomasia, Luther King, nella mia esperienza fra gli *scout*...

Il 23 ottobre del 2006 segna un'altra data storica: la prima seduta di laurea, quella di Teresa e Francesco. Sono presenti Mario Capanna e il rettore dell'Unical Gianni Latorre, il quale, da statistico, ha compreso la lungimiranza dell'iniziativa.

inverno 2007-estate 2015 – È un lasso di tempo lunghissimo, ma è quello che occorre affinché ciascuno ultimi la propria indagine e si laurei. Alla fine siamo entrati in contatto con coetanei universitarî di ogni continente, rappresentanti di ben 41 Paesi del pianeta, poco più di un quinto degli Stati del mondo: senegalesi e sudafricani; canadesi e statunitensi; neozelandesi e australiani; argentini, boliviani, peruviani, cubani, messicani, colombiani; albanesi, austriaci, inglesi, rumeni, svedesi, serbi, svizzeri, spagnoli, tedeschi; cambogiani, birmani e persino israeliani e palestinesi...

I questionarî tornati in sede sono oltre

2.500, compilati da ragazze per il 54% e da ragazzi per il 46% circa; per oltre il 34% da umanisti, quasi il 20% da economisti e per un buon 46% da studenti afferenti a corsi scientifici, tecnici e di medicina. La gran parte di loro appartiene al ceto medio (oltre il 61%) ed è impegnata in forme di associazionismo politico, studentesco o culturale.

La nostra è probabilmente poco più che una "ricognizione"; ciononostante basata su un campione significativo ed emblematico. Elaboriamo i dati con l'aiuto decisivo di un collega sociologo, Carlo De Rose.

autunno 2015-autunno 2017 – Raccogliamo finalmente i frutti del nostro lavoro! E sono sorprendenti. Il risultato che fa da sfondo a una considerazione unitaria e globale delle 16 domande e altrettante risposte che costituiscono il questionario dice esplicitamente che l'*Organizzazione delle Nazioni Unite*, ossia l'apice delle strutture politiche di rappresentanza che l'umanità del pianeta s'è data, è pressoché sconosciuta agli interpellati nelle sue funzioni e nei suoi ruoli principali, negli interventi e nella presenza che assicura nei loro rispettivi Paesi, nella effettiva risoluzione di gravi problematiche planetarie. Al punto che, alla esplicita richiesta di un giudizio sull'operato dell'Onu, oltre il 32% non sa esprimersi; elemento che, sommato a quello di chi ne dà una valutazione negativa (18%) o molto negativa (quasi il 13%), porta a oltre il 63%...

Sappiamo per certo che un conto è l'effettiva azione delle *Nazioni Unite* e un altro è la conoscenza che se ne può avere. Ma ci stupisce che questo dato sia diffuso e condiviso, a prescindere dai continenti, dai Paesi, dalle specifiche caratteristiche dell'interpellato... L'Onu è lontana dalla gente comune; dagli studenti universitarî, quanto meno...

Invece, per quanto l'idea del Parlamento mondiale sia (ovviamente) sconosciuta ai più (tra chi non ne sa assolutamente nulla e chi invece ha vagamente letto o sentito qualcosa in proposito si arriva quasi al 95%), oltre il 47% ritiene che la proposta di istituirlo possa essere perseguita una volta create le condizioni per la sua solidità e oltre il 74% ritiene che si debba aprire immediatamente un dibattito sul tema che coinvolga non soltanto i parlamenti e i governi dei Paesi, ma anche le scuole, le università, i *media*, la società civile...

Capiamo allora che il mondo non è completamente addormentato, soprattutto quello dei giovani...

Altre risposte alle domande del questionario confermano la fallacia delle *Nazioni Unite* su gravi questioni come il disarmo, la tutela dell'ambiente, le sperequazioni economiche; ed èvocano invece i vantaggî che potrebbero venire alla convivenza tra i popoli da un Parlamento mondiale in grado di affrontare (e forse risolvere) questioni come la fame, il terrorismo, gli infiniti conflitti bellici…

Con Claudia e Tina riordiniamo i dati e impostiamo la pubblicazione di un volume. Ancora un anno di lavoro. Si intitola *Parlamento mondiale. Imagine all the people…* Nel testo della canzone di John Lennon, che fa da filo conduttore ai capitoli, riappare la prospettiva del sogno comune: *You may say I'm a dreamer, but I'm not the only one…* E un sognatore è Pietro Condemi, l'editore che lo pubblica con inenarrabile entusiasmo. Figlio di un emigrante calabrese che fa fortuna con un'azienda di componenti elettrici a Milano, qualche anno di scoutismo alle spalle, si laurea ormai adulto in Scienze dell'educazione; abbandona il profitto sicuro per mettere su una piccola casa editrice (la Ipoc), perché i libri rappresentano "il rizoma della cultura e della buona educazione". Del volume ne lascia approntare anche una versione inglese. Le copie-saggio che mi lascia recapitare rappresentano l'ultimo contatto fra noi. Un male si annuncia e se lo porta via in un baleno…

inverno 2018-estate 2019 – Quando il volume era in fase di ultimazione, d'intesa col direttore del Dipartimento di Culture, Educazione e Società dell'Università della Calabria, cui afferisco, Roberto Guarasci, provo un contatto con chi, fra gli studiosi vicini, dovrebbe essere maggiormente interessato all'idea di un laboratorio permanente. Sono i colleghi del Dipartimento di Scienze politiche, economiche e sociali. Il proposito è quello di costituire un Centro interdipartimentale per l'istituzione di un Parlamento mondiale. L'intento è di partire da un nucleo ristretto, ma deciso e ben organizzato.

Non si fidano molto. Non conoscono l'effettivo interesse che può suscitare una ricerca sulle problematiche planetarie rilette alla luce dell'effettivo funzionamento delle *Nazioni Unite*. Meglio organizzare prima un convegno "esplorativo", sia pure di mezza giornata. Spronati e pregati, ci riescono dopo un anno e mezzo, a marzo del 2018. Gli interventi sono interessantissimi, le problematiche aperte le più diverse, le prospettive possibili le più interdisciplinari. Bene, si può passare a una prima ratifica ufficiale! Ma passa ancora un anno…

Per i miei colleghi di dipartimento, che votano in aprile 2019, tutto fila liscio. Per loro, occorrono ancora due mesi di approfondimenti, di consultazioni, di ripensamenti, di cincischiamenti, di "i-problemi-politici-del-mondo-no", "quelli-dell'ombelico-dei-partiti-italiani-sì", per concludersi con un nulla di fatto… Meglio dormire sonni tranquilli…

Al confine tra il sogno e la realtà, invece, il 10 di luglio, con un manipolo di mie studentesse di Scienze dell'educazione, costituiamo il "Laboratorio Noi", all'interno del quale v'è un ambito dedicato al Parlamento mondiale, cui aderiscono Chiara Palermo ed Ester Rossi...

autunno 2019-primavera 2021 – I nomi sono importanti; e sì che lo sono... Una cronistoria autenticamente rispettosa dei fatti storici dovrebbe riportare tutti i nomi e cognomi degli abitanti del pianeta; persino quelli degli indifferenti e degli accidiosi. Dietro i nomi del Parlamento mondiale – di cui occorrerebbe cominciare a stilare un elenco – ci sono persone che hanno fatto delle scelte: c'è la loro intelligenza, il loro cuore, il loro spirito.

Chiara ha l'ottima idea di organizzare un incontro interdipartimentale e riesce a realizzare, tra gli studenti, ciò di cui si sono mostrati incapaci i docenti. Greta Thunberg e i suoi *Fridays for Future docent*. Quando si dice "sogno"... Ecco allora aggiungersi altri studenti: Matteo Runco, economista; Davide Corasaniti, sociologo; Francesco Tarantino, giurista. Propongono e realizziamo insieme un percorso di formazione con esperti, esclusivo, per loro 5, al solo fine di capire in quali secche storiche, politiche, giuridiche, economiche e persino intellettive e morali si sono incagliate le *Nazioni Unite* e, con esse, il pianeta. Il percorso dura un anno e si accompagna all'esplodere della pandemia, che, nella sua drammaticità, ha la controparte di lasciare venire a galla annose e irrisolte questioni planetarie.

Matura così il tempo del risveglio. Il sogno traluce sempre più in realtà.

Contattiamo Mario Capanna, il quale coinvolge a sua volta Fabio Minazzi, filosofo dell'Università dell'Insubria di Varese e quest'ultimo, a catena, Stefania Barile, corresponsabile del Progetto *"Giovani Pensatori"*. Da questo momento, tra noi calabri e loro insubrici si genererà un'intensissima collaborazione, con due referenti istituzionali di tutto riguardo, come Roberto Guarasci qui al sud e l'appena menzionato Minazzi al nord. Rappresenta attualmente il punto di partenza istituzionale e logistico decisivo.

Di fatto, il 9 luglio 2020, sulle montagne della Sila, si delinea una tempistica di massima per fare del ricostituito Laboratorio un Centro interuniversitario per il Parlamento mondiale, che di accademico vuole avere solo il supporto logistico; un Centro, dunque, aperto a tutti: ad Associazioni terzomondiste e per la Pace fra i popoli; a Organizzazioni non governative non meno che ai Governi degli Stati del pianeta; a sedi universitarie d'ogni parte del mondo come a partiti politici e a donne e uomini di ogni continente che – in conformità alle *Dichiarazioni universali dei Diritti dell'uomo* e a prescindere dalla propria appartenenza nazionale, etnica, religiosa, politica – credono che sia giunto il momento di destare la sopita "coscienza globale" tenuta a bada dalle istituzioni e dalle regole non scritte (ma vigenti e cogenti dell'irrazionalità imperante) per dar vita a un'istituzione che rappresenti, effettivamente, la volontà dei popoli, della gente comune del pianeta, dell'umanità.

Nella medesima occasione si uniscono al Laboratorio ancora due economisti, Luigi Elia e Giacinto Gaetano, e una studentessa liceale, Elisabetta Turano. In settembre Ester si laurea con una tesi dal titolo: *Educare all'internazionalità. L'ipotesi di un Parlamento mondiale.*

Ma prima della costituzione del Centro, prevista per i primi mesi del 2022, è nostra intenzione realizzare un nuovo sondaggio planetario tra gli studenti universitarî, puntando all'obiettivo di 100 Stati, tra i quali anche quelli ancora mai del tutto istituiti, come il palestinese e il curdo.

E poi ci interessa uscire dal guscio, tradurre quanto prima il sogno in realtà; dire al mondo che ci siamo, e ci siamo per realizzare un sogno umanitario e non ideologico, per far prevalere la ragione sulle assurdità dominanti, il rispetto del cosmo in tutti i suoi aspetti, incluso quello infinitamente piccolo, e grande nel contempo, che noi siamo. Per questo scriviamo un volume di propositi, quello che tu, lettore, hai in mano, e un volume di raccolta e commento dei dati del sondaggio in corso, previsto in libreria per l'inverno del 2022.

Per il nuovo rilevamento ci vengono incontro nuove e fresche competenze. Arrivano da ogni punto del Paese: Luciano Neri, esperto di relazioni internazionali; Marta Stivanello, filosofa, e altri studenti sognanti e per questo sveglissimi: una sociologa, Roberta Lucano; uno statistico, Lorenzo Arcuri; un economista, Matteo Monaca; e un ingegnere con competenze statistiche, Biagio Falbo. Reimpostano la ricerca: stabiliscono i criterî rigorosamente "scientifici" con cui individuare i 100 Paesi da sondare, rivedono il questionario già utilizzato in passato e lo passano alla collega Anna Maria De Bartolo, linguista, che coordina un gruppo di traduttori. Dopodiché il testo finisce a Varese, dove Minazzi ha coinvolto uno *staff* di informatici che approntano l'indagine telematica: si tratta di una *start-up* insubre, la *"Socialibreria"*, formata da giovani informatici, che coinvolge studenti di varî altri corsi di studî.

Come cerchi concentrici, s'allarga la partecipazione attiva – il Laboratorio non è un salotto! – di persone che hanno storie di impegno alle spalle: Pierluigi Vattimo, scienziato della politica, svolge un dottorato a Parigi; Gennaro Ponte, che fa l'assistente sociale. Ritorna Francesco Bitonti, il primo laureato sul Parlamento mondiale nel 2006, che intanto ha conseguito una seconda laurea e lavora nel terzo settore. E si aggiungono Annarosa Palamara, avvocata che difende i diritti degli immigrati, Alfio Covello, componente dell'Ufficio relazioni internazionali dell'Università della Calabria, e Pietro Pànico, scienziato della politica che si occupa di accoglienza e solidarietà (oltre che di questioni) internazionali...

Mentre scrivo siamo nel vivo dell'indagine planetaria. L'analisi geopolitica di Mario Capanna, che hai letto più sopra, e quella storico-filosofica di Fabio Minazzi, che leggerai più avanti, dicono qual è la scena del mondo sul quale ci affacciamo. Noi lo sogniamo diverso, questo mondo. Qui e nel saggio seguente scritto da Stefania Barile abbiamo provato a raccontarti *come*. La testimonianza di Luciano Neri, a chiusura di questo piccolo volume, ti dirà anche *perché*.

Un mondo che va in rovina per (la) volontà (incosciente?) di pochi è semplicemente un assurdo: un attacco alla ragione prima ancora che alla morale.

Tornando al punto di partenza, mi pare bello precisare che nel *Codice di Giustiniano* l'affermazione *Ciò che riguarda tutti, deve essere approvato da tutti!* è preceduta da un mònito nondimeno essenziale e assai pertinente con quello che andiamo facendo: *Necesse est omnes suam auctoritatem praestare, ut, quod omnes tangit...*: "È necessario che tutti diano il proprio consenso affinché ciò che riguarda tutti...".

Che ognuno dia il proprio consenso – che

abbia il diritto e senta il dovere di farlo –
rappresenta un presupposto irrinunciabile all'esercizio di ogni decisione veramente
condivisa.

autunno 2023 – Poco più di due anni e sarà
trascorso un altro ventennio da quel seminario. Ma questa volta non sarà stato invano…

… tra le nuvole un sogno che sogno
oramai non è più!

Stefano Rosso

Stefania Barile

GIOVANI PENSATORI PER UN PARLAMENTO MONDIALE

> *La nostra cultura è in crisi profonda e totale. Bisogna riconoscere, accettare radicalmente questa crisi, senza infingimenti, attenuazioni, rimpianti, accettarla gioiosamente come empito nuovo di vita che cerca le sue forme per esser sempre più vita, più intensa, più aperta, più felice, più umana, fuor di confuse contaminazioni ideologiche, bisogna esercitare all'estremo le sue facoltà critiche, perché più libere sorgano le sue energie creatrici.*
>
> Antonio Banfi, *Per la vita dell'arte*,
> in «Corrente di vita giovanile»,
> Anno I, n. 20, 15 dicembre 1938

La riflessione di Antonio Banfi sembra scritta per noi. Vi scopriamo, con commozione, un'energia nuova e propulsiva, che nasce proprio nei tratti più contraddittori e complicati del nostro vivere sociale. Un potente stimolo a dotarci di *autonomo spirito critico*.

Il progetto Giovani Pensatori

Attraverso la lettura e lo studio dei Classici della tradizione del pensiero filosofico e scientifico, lo studente individua i mezzi, i metodi e le strategie argomentative dei passi studiati e, con il suo docente, *impara a filosofare*. Egli parte dalla comprensione e dall'analisi del testo e poi si confronta con i compagni in un dibattito fecondo, in cui interroga il testo sulle problematiche trattate, provando in prima persona il valore del confronto democratico, aperto e tollerante, anche con la presenza di punti di vista decisamente conflittuali.

Questo tipo di *metodologia didattica interdisciplinare a matrice filosofica*, è la base del progetto universitario *Giovani Pensatori*, con sede a Varese.

Ideato da Fabio Minazzi nell'ambito dell'attività di studio e di progettazione didattico-educativa del *Centro Internazionale Insubrico "Carlo Cattaneo" e "Giulio Preti"* dell'Università degli Studi dell'Insubria, tale progetto, giunto alla sua XII edizione, dispone di un *network* di istituti scolastici di ogni ordine e grado.

Per ogni anno scolastico, anche su indicazione dei docenti coinvolti, viene selezionata una tematica e formulato un calendario di attività formative (convegni nazionali e internazionali, conferenze, seminari e giornate di studio), utili a sostenere docenti e studenti nel percorso progettuale che ciascuna classe di ogni scuola definisce e sviluppa nel corso dell'anno scolastico, per presentarlo poi al *Festival della Filosofia* dei *Giovani Pensatori* intorno alla metà del mese di maggio.

Il 21 marzo 2016, con la preziosa collaborazione dell'allora magistrato Adriano Patti, viene istituito il tavolo di lavoro della *Commissione Legalità* del *Centro Internazionale Insubrico*, composto di docenti, dirigenti scolastici, studenti universitari ed esperti in ambito giuridico, storico-artistico e della comunicazione digitale, e viene avviato il *civic engagement lab* Legalità come prassi per far sì che ogni studente diventi *sentinella di legalità*.

Legalità come prassi è un punto fondamentale di studio e di ricerca, attraverso cui studenti e docenti effettuano un percorso di formazione, capace di condurre all'acquisizione di competenze nell'ambito del settore giuridico relativo al diritto dei beni culturali, storico-filosofico con le basi teoretiche e modelli di ricerca inerenti lo sviluppo del nostro pensiero occidentale.

Service-learning *per la costituzione di un Parlamento mondiale*

La fase più evoluta del *civic engagement lab*, che interessa direttamente gli studenti universitari a chiusura del primo triennio di studi (con almeno 120 CFU) è il progetto di *Service-Learning* "Universitá e Territorio: per un'Università al servizio della collettività".

Si tratta di un'operazione formativa interdisciplinare, nel cui ambito didattico-metodologico si inserisce *Pensiero in azione per un progetto di studio sul problema del Parlamento mondiale*. Promotori del progetto, accanto al Centro speciale di ricerca diretto dal prof. Minazzi, e alla *Commissione Legalità* del *Centro Internazionale Insubrico*, sono il *Corso di Laurea in Storia e Storie del mondo contemporaneo* dell'Università degli Studi dell'Insubria, il *Dipartimento di Culture, Educazione e Società* dell'Università della Calabria, con la collaborazione di *Mechrì* Laboratorio di filosofia e cultura e di *CROSS* - Osservatorio sulla criminalità organizzata dell'Università degli Studi di Milano.

Il coinvolgimento degli studenti liceali è avvenuto anche grazie alla somministrazione di un questionario *online* co-progettato dalla *Commissione Legalità* con i docenti delle scuole afferenti, volto a sensibilizzare alla cittadinanza attiva a partire da problematiche relative al territorio locale, ma con uno sguardo critico rivolto alle questioni internazionali. Importante, al riguardo, la cooperazione del liceo scientifico "Zaleuco" di Locri.

In particolare il *form* ha riguardato significativi campi d'indagine (come la tutela dell'ambiente, il *welfare*, le pari opportunità, il lavoro e la formazione) e specifici ambiti di studio (scientifico, giuridico, sociale, filosofico e statistico); orientamenti tematici (organizzazione, comunicazione, analisi criticità e rilevazione delle potenzialità) e problematiche (sostenibilità, devianza, criminalità, crescita economica, innovazione, pace e giustizia sociale); contenuti (libertà nella diversità, scuola e lavoro, tutela del bene comune, storie di mafia tra nord e sud) e approfondimenti (obiettivi dell'Agenda 2030, lotta alla mentalità mafiosa, educazione alla cittadinanza attiva, economia civile, comunicazione efficace).

Dai primi dati raccolti sono emersi scenari di interesse, degni di particolare attenzione soprattutto in tempo di Covid-19, intorno alla preoccupazione di una istruzione e formazione di qualità e alla problematica delle pari opportunità, corredati da impianti progettuali nell'ambito del territorio provinciale, regionale e nazionale allo scopo di poter effettuare un confronto mirato, in un secondo tempo, con gli scenari internazionali dispiegati dalla ricerca sul Parlamento mondiale.

Le prime restituzioni dei ragazzi relative agli incontri formativi con Mario Capanna, Roberto Guarasci, Fabio Minazzi e Romolo Perrotta sono risultate molto positive: in particolare questi appuntamenti hanno favorito riflessioni e dibattiti sull'idea di un Parlamento mondiale, quale organismo differente dall'ONU; sull'importanza della condivisione planetaria del sapere; sul valore della pace e dell'ospitalità; e sulla possibilità di divenire protagonisti di una storia "vera" e non quella scritta soltanto.

Le finalità del progetto consistono, infatti, nel formare un giovane impegnato civilmente, capace di riappropriarsi del proprio territorio attraverso una conoscenza funzionale alla rilevazione dei suoi tratti peculiari: storici, sociali, naturalistici e artistici; nel costruire culture scolastiche capaci di operare come comunità interattive, impegnate a risolvere problemi in collaborazione con quanti contribuiscono al processo educativo; e nel praticare la reciprocità culturale.

Per i percorsi di ricerca, che risulteranno più significativi, sarà organizzato un seminario a cui parteciperanno i ragazzi delle scuole coinvolte e gli studenti calabresi.

Per l'anno scolastico 2020-21 gli studenti iscritti al progetto di studio sul problema di un Parlamento mondiale sono 326, a cui si aggiungono 456 già operativi sulla sostenibilità ambientale e 570 sulla tutela del patrimonio culturale internazionale con il progetto *Jella Lepman. Un ponte di libri* (in collaborazione con IBBY Italia), per un totale di 1352 da nord (Lombardia) a sud (Calabria).

E quali preziosi embrioni di una nuova coscienza, la *coscienza globale*, i nostri *giovani pensatori*, dotati di una nuova forza intellettuale e morale, contribuiranno senza dubbio ad aprire le porte della storia a un nuovo umanesimo scientifico, quello in cui un *Parlamento mondiale* possa rappresentare davvero ogni singola persona e tutti i popoli e decidere responsabilmente del futuro dell'umanità.

Fabio Minazzi

DAI CONFINI NAZIONALI ALL'ORIZZONTE COSMOPOLITICO

*Il possibile non verrebbe raggiunto
se nel mondo non si ritentasse sempre l'impossibile.*
M. *Weber,* Politik als Beruf [1918]

1. *Pensare in modo cosmico*

Immanuel Kant costituisce un pensatore con cui il movimento illuministico giunge alla sua massima fioritura critica. Concludendo la sua celebre *Critica della ragion pura* Kant sottolinea la necessità di superare il tradizionale *concetto scolastico* della filosofia, per aprire le porte ad un *concetto cosmico* del pensare. Ma cosa significa un *concetto cosmico* del pensare? Per Kant il carattere *cosmico* è concepibile come una «scienza della relazione di ogni conoscenza con i fini essenziali della ragione umana». Scaturisce, dunque, dalla capacità di non rimuovere le infinite interconnessioni in virtù delle quali, *à la* Leibniz, viviamo in un mondo relazionale, sempre più interconnesso, entro il quale tutto è intrecciato, in modo sistemico, con tutto. Ma andando *oltre* Leibniz, per Kant queste interconnessioni vanno relazionate «con i fini essenziali della ragione umana» perché la ragione deve riflettere sulla sua *teleologia*, ovvero sui fini e gli scopi utopici cui l'uomo può guardare in modo ragionevole. In questo contesto cosmico per Kant le domande fondamentali che ogni uomo deve porsi sono tre: *che cosa posso conoscere? come devo comportarmi? cosa mi è lecito sperare?*

Tre semplici, ma decisive, questioni, costituenti la "tricotomia kantiana", ovvero un modo di pensare *architettonico* e *sistemico* entro il quale la *conoscenza* (propria della prima domanda) è connessa con la *morale* e la *libertà* (oggetto della seconda domanda) che trova infine nella *speranza* (l'escatologia e l'utopia dell'ultima domanda) la propria "chiave di volta". In altre parole per Kant la conoscenza è sempre intrecciata con la libertà, mentre, e di contro, anche la libertà si radica necessariamente nella conoscenza, proprio perché *conoscenza* e *libertà* costituiscono i due volti di una medesima realtà, il cui motore interno è rappresentato dall'*utopia* e dalla *speranza*. Insomma, la speranza, che sempre alberga nel cuore di ogni uomo, intreccia vari «fili di ardenza», giacché l'uomo vive solo fin quando nutre qualche speranza che gli dona la forza di affrontare la fatica della vita.

Il che non vale solo per il singolo, ma per tutte le civiltà che vivono anch'esse fin quando coltivano qualche speranza, in virtù della quale sanno gettare il cuore oltre gli ostacoli per mettere in moto la storia verso alcuni fini cui dirigono le loro «ardenze». Entro questa aspirazione all'utopia e alla speranza, quali autentici motori della storia e della vita, sussiste sempre un intreccio che lega un singolo individuo alla società (e viceversa), proprio perché anche il singolo non solo è sempre *in un* determinato contesto sociale, ma è lui stesso un effettivo *contesto sociale*. Per Kant conoscenza, dovere e speranza sono tre orizzonti sistemici interconnessi, perché il primo si riferisce all'ordine descrittivo ed esplicativo dell'oggettività scientifica e della verità cognitiva che concerne il *sapere*. Il secondo si riferisce all'ordine prescrittivo e giuridico del diritto, della correttezza etica e delle regole normative, configurando l'ambito del *dovere* (sussiste del resto una correlatività tra diritti e doveri: *doveri senza diritti* configurano un'*oppressione*, mentre *diritti senza doveri* sfociano nel l'arbitrio del dispotismo). Il terzo orizzonte concerne l'ambito autoriflessivo dell'emancipazione e dell'autenticità, espresso dalla *speranza*.

2. *Scienza e libertà*

Se si guarda alla storia umana da questo punto di vista appaiono evidenti alcune connessioni spesso non percepite, taciute o non comprese. Se si guarda alla storia della modernità appare evidente come l'autentico *turning point* determinato dalla nascita della scienza moderna nel Seicento si è storicamente intrecciato con la nascita dei primi parlamenti. È forse un caso che l'*incremento della conoscenza* abbia storicamente camminato con l'*incremento delle libertà*? Non pare. Per quale motivo? Perché incrementando la conoscenza si incrementa, al contempo, la libertà d'azione. Vale anche il viceversa, perché l'approfondimento della conoscenza richiede la libertà della ricerca come il celebre processo a Galileo ben documenta. Certamente possono esistere delle "strozzature" nella storia (come quella con la quale il padre della scienza moderna è stato costretto ad abiurare le sue idee copernichiste). Ma la storia ha fatto giustizia di questo atto d'arroganza del potere: la Chiesa cattolica, tre secoli dopo, ha dovuto "chiedere scusa" allo scienziato per averlo incarcerato perché, per dirla *à la* Milton, non condivideva le idee astronomiche dei suoi censori francescani e domenicani.

D'altra parte ha ragione Bertrand Russell nel ricordarci come tre secoli di civiltà scientifica abbiano cambiato maggiormente e più in profondità il nostro mondo, rispetto ai precedenti quattromila anni prescientifici. Da un punto di vista *cosmico* questo straordinario incremento del patrimonio tecnico-scientifico si è storicamente intrecciato con la parallela fioritura del patrimonio giuridico-civile delle libertà, dei diritti e dei parlamenti. In questa prospettiva *conoscenza* e *libertà* costituiscono i due volti costitutivi di una medesima realtà civile che ha configurato un progetto: quello di costruire società delle conoscenze *sempre più libere ed aperte* in cui il fondamentale "diritto di avere diritti" si è storicamente dilatato, includendo, progressivamente, gli uomini, i bambini, le donne, i neri, i nativi, gli animali e oggi anche le piante. Questa continua *fioritura dei diritti* si radica, a sua volta, nell'approfondimento continuo delle conoscenze e nella delineazione di tecniche che rendono possibile quanto un tempo appariva impossibile, estendendo, continuamente, la libera autodeterminazione dell'uomo. L'incremento costante di questi volti della modernità, *conoscenza* e *libertà*, ha poi sempre avuto quale suo motore la *speranza* di costruire un mondo migliore, sempre più all'altezza del nostro patrimonio di conoscenze e di libertà. Allo stato attuale questo complesso processo storico implica l'assunzione di un nuovo piano di responsabilità cosmopolitica entro il quale le differenti comunità umane possano assumere la consapevolezza critica e la responsabilità di pensare alla civiltà umana da un punto complessivo ed universale, planetario e mondiale, ponendosi l'obiettivo utopico ambizioso, ma decisivo e irrinunciabile, di istituire un Parlamento mondiale in grado di affrontare quei problemi planetari cui nessuno singolo stato - per quanto grande e potente - è in grado di risolvere. Questi stati nazionali sono infatti, al contempo, *troppo grandi* per affrontare alcuni problemi locali specifici, mentre sono *troppo piccoli* per affrontare alcuni decisivi problemi planetari (basti penare ai problemi ecologici, al buco d'ozono, al riscaldamento globale, etc. etc.). Certamente si possono anche voltare le spalle a questo ambizioso progetto e mostrarsi indifferenti, ma l'indifferenza costituisce sempre «la materia bruta che strozza l'intelligenza» e questo avviene, come già annotava Antonio Gramsci, «perché la massa degli uomini abdica alla sua volontà». Per questa ragione occorre, invece, essere consapevolmente «partigiani», sapendo avvertire nella nostra attività il pulsare della città futura planetaria che stiamo costruendo.

3. *Il progetto per la pace mondiale*

Con *Per la pace perpetua* Kant ha avanzato la proposta di mettere la guerra al bando da tutte le società umane, trasformandola in un *tabù* morale e giuridico. Kant è giunto a teorizzare la necessità di una costruzione politica federalista mondiale. Per ben comprendere la genesi di questa proposta occorre chiedersi quale fosse la sua immagine della conoscenza. Kant è stato il primo filosofo della modernità a porsi il problema del *significato* della conoscenza scientifica, inaugurata da Galileo, poi elevata a paradigma da Newton. Il paradigma newtoniano è stato successivamente approfondito, in modo rivoluzionario, da Einstein con la creazione della teoria della relatività e dai fisici quantistici con la costruzione della meccanica quantistica. Senza dimenticare il contributo di un biologo rivoluzionario come Darwin, grazie al quale si è scoperta la fondamentale dimensione storico-evolutiva della vita, superando ogni concezione creazionistica. Grazie a Darwin, a Marx ed Engels, è infine emersa la consapevolezza della *duplice storicità* che contraddistingue l'esistenza umana, scaturente nel delicato, ma vitale, punto di interconnessione tra la *storicità naturale* (guidata dal caso e dalla capacità di sopravvivere da parte di chi meglio si adatta alle mutevoli condizioni evolutive dell'ambiente) e la *storicità umana* (che, a differenza di quella naturale, è invece orientata da specifici *fini* che l'uomo si pone, dirigendo consapevolmente la sua esistenza). Da questo punto di vista oggi si profila, sempre più, un nuovo orizzonte entro il quale queste due differenti *storicità* - proprio grazie all'uomo - possono interagire secondo un *piano di precisi fini* stabilito dal genere umano. Pertanto è di vitale importanza che l'uomo sia ben consapevole dello spazio - planetario - entro il quale può muoversi ed anche delle potenzialità e dei rischi che la sua azione può innescare - in modo irreversibile - nell'ambito della storia della vita del nostro pianeta.

In questa situazione l'immagine della scienza di Kant ci aiuta, perché questo filosofo ha insistito nel mostrare come la nostra conoscenza si instauri sempre entro ben precisi *limiti*. Non esiste, infatti, alcuna conoscenza al di fuori di alcuni *limiti oggettivi*. Il che è stato in genere dimenticato o rimosso da molti scienziati che si sono illusi di poter concepire la conoscenza scientifica come qualcosa di assoluto. Come è successo allo stesso Galileo che, distinguendo il sapere dal punto di vista quantitativo (*sapere estensivo*) e dal punto di vista qualitativo (*sapere intensivo*), ha immaginato che quando l'uomo conosce il mondo grazie alla scienza lo conoscerebbe in modo assoluto, assimilabile alla conoscenza divina del mondo. Il che, invece, non è, perché proprio la storia della scienza documenta, in modo articolato, come la nostra conoscenza del mondo si sviluppi per dirla con Bachelard, tramite una *conoscenza approssimata*, assimilabile, semmai, al modo con cui una pianta vive in un particolare ambiente. In modo analogo il patrimonio tecnico-scientifico si sviluppa per approfondimenti critici continui, *à la* Lenin, che rettificano continuamente i risultati oggettivi raggiunti, mostrandone la parzialità e la necessità di andar *al di là* dei loro stessi *limiti*. Ma tali *limiti* sono costitutivi di questo sapere, perché la conoscenza umana del mondo si può instaurare solo ed unicamente *entro determinati limiti*. Se si pretende di poter rimuovere questi limiti per formulare una conoscenza "assoluta" ci si illude di poter conseguire un punto di vista assoluto. Le teorie scientifiche non sono l'«occhio di dio sul mondo», ma, semmai, la proiezione del flebile e miope occhio umano. Occorre così assumere la consapevolezza che la nostra *conoscenza oggettiva* (non assoluta!) del mondo si istituisce solo all'interno di un determinato *limite*. Si pone così il problema dei *confini* dei saperi.

4. *Il problema dei confini*

Non solo dei confini della conoscenza, ma anche dei confini politici che suddividono, più o meno arbitrariamente, il pianeta. Kant mostra come nei confini "assoluti" e "naturali" degli Stati non esista alcuna "assolutezza" e alcuna "naturalità". Semmai, i confini scaturiscono dall'azione degli uomini e dalla storia: non possiedono alcuna "assolutezza" (come accade per i confini disciplinari, tra fisica, biologia, matematica, filologia, etc.).

Kant sa bene come lo «stato di natura» sia un permanente «stato di guerra: se anche non vi sono sempre ostilità dichiarate, è però continua la minaccia che esse abbiano a prodursi». Conseguentemente «lo stato di pace dev'essere *istituito*, perché la mancanza di ostilità non significa ancora sicurezza, e se questa non è garantita da un vicino ad un altro (il che può solo aver luogo in uno stato *legale*), questo può trattare come nemico quello a cui tale garanzia abbia richiesto invano». L'istituzione di una *pace mondiale* costituisce, dunque, un *atto politico e culturale* radicato nella costituzione di uno «stato *legale*» che presuppone che «la costituzione civile di ogni Stato dev'essere repubblicana». Per quale ragione? Perché, risponde Kant,

la costituzione repubblicana, oltre alla purezza della sua origine, all'essere cioè scaturita dalla pura fonte dell'idea del diritto, presenta anche la prospettiva del fine desiderato, cioè la pace perpetua, e per il seguente motivo: se (come in questa costituzione non può non accadere) è richiesto l'assenso dei cittadini per decidere se la guerra debba o non debba essere fatta, nulla di più naturale pensare che, dovendo far ricadere sopra di sé tutte le calamità della guerra (cioè combattere personalmente, pagarne del proprio le spese, riparare a forza di stenti le rovine che la guerra lascia dietro di sé e da ultimo, per colmo dei mali, assumersi ancora un carico di debiti, che per sempre nuove guerre renderà dura la pace stessa e non potrà mai estinguersi) essi rifletteranno a lungo prima di iniziare un così cattivo gioco.

In uno stato di sudditi il sovrano è proprietario dello Stato e «la guerra diventa la cosa più facile del mondo», giacché chi la dichiara non deve sostenerne l'onere (della serie: armiamoci e partite!). Appellandosi alla costituzione repubblicana (non ancora democratica!) Kant ribalta il tradizionale luogo comune che attraversa l'intera storia occidentale. Quest'ultima ha sempre elogiato le guerre nazionali, denigrando le guerre civili quali guerre fratricide, immorali. Kant opera un ribaltamento critico di questo luogo comune, mostrando come le uniche guerre *autenticamente morali* siano quelle in cui nessun combattente riceve alcuna "cartolina precetto" dallo Stato per andare a combattere, ma sceglie liberamente (moralmente!), di assumersi l'onere della guerra che combatte in prima persona. Prendendo le mosse da questo assunto repubblicano per Kant è evidente come il «diritto internazionale deve fondarsi sopra una federazione di liberi Stati». A suo avviso occorre quindi lasciarsi alle spalle la barbarie incivile (ben espressa dal "diritto di veto" dell'Onu), secondo la quale i rapporti tra i singoli Stati sono regolati dai rapporti di forza (codificati dai vari trattati). A suo avviso i popoli civili «dovrebbero affrettarsi ad uscire al più presto possibile da uno stato così degradante», in cui la forza regola i rapporti tra gli Stati. Riconosciuto il «diritto di resistenza» che sta a fondamento della *moralità* della guerra civile, Kant, appellandosi alla ragione quale «suprema potenza morale legislatrice», condanna

> in modo assoluto la guerra come procedimento giuridico, mentre eleva a dovere immediato lo stato di pace, che tuttavia non può essere creato o assicurato senza una convenzione dei popoli. Di qui la necessità di una lega di natura speciale che si può chiamare *lega della pace (foedus pacificum)* da distinguersi dal *patto di pace (pactum pacis)* in ciò: che quest'ultimo si propone di porre termine semplicemente a *una guerra*, quello invece *a tutte* le guerre, e per sempre.

La pace perpetua richiede così che «il diritto cosmopolitico dev'essere limitato alle condizioni di una universale ospitalità». Per quale ragione? Per una ragione geografico-materiale connessa con la natura del nostro pianeta, giacché Kant parla di «un *diritto di visita*, spettante a tutti gli uomini, cioè di entrare a far parte della società in virtù del diritto comune al possesso della superficie della terra, sulla quale, essendo sferica, gli uomini non possono disperdersi isolandosi all'infinito, ma devono da ultimo rassegnarsi a incontrarsi e a coesistere». Naturalmente il diritto al comune possesso della terra si radica nella constatazione che «nessuno in origine ha maggior diritto di un altro ad una porzione determinata della terra».

5. *Dai confini all'orizzonte planetario*

La prospettiva *cosmica* del pensiero ci obbliga a ripensare il nostro stesso rapporto con l'ambiente in cui viviamo ed anche con tutti i nostri simili. Questa vocazione *cosmopolitica* è incisa nel Dna della tradizione occidentale, fin dal suo inizio nella matrice storica configurata dalla civiltà greca. Quando nel bacino del mediterraneo i greci costruirono l'alfabeto - quello che utilizziamo ancor oggi - inserendo cinque vocali entro una ventina di suoni consonantici dell'alfabeto fenicio, nacque allora, e subito esplose, il *logos*. Questo termine non può essere tradotto con una sola parola perché rinvia tanto al *pensiero* quanto al *linguaggio*, sottolineando l'intrinseco legame sussistente tra pensiero e linguaggio, giacché, per riprendere Wittgenstein, «*i limiti del nostro linguaggio* significano i limiti del nostro mondo». Il che è confermato dalla crescita del cucciolo dell'uomo. Se si paragonano i primi mesi di vita di un mammifero con quello dell'uomo è indubbio come il primo abbia inizialmente uno sviluppo biologico più veloce e rapido del secondo. Tuttavia, quando nel cucciolo umano compare l'uso delle parole (per il cui tramite il *logos* si affaccia nella vita di un individuo), allora la curva di sviluppo che intercorre tra questi due mammiferi, registra una divergenza radicale: da allora in poi per il cucciolo umano nulla più sarà come prima. Tramite il linguaggio il cucciolo dell'uomo entra nella sfera del *logos*, penetrando nella *natura culturale umana*, giacché l'uomo è un *animale culturale* che, grazie al suo pensiero, ha storicamente costruito il suo "terzo mondo" (così indicato dagli antichi stoici) ovvero *il mondo della conoscenza oggettiva e del pensiero universale*.

Il "miracolo" della cultura greca è connesso con l'istituzione del *logos*: da allora nulla è più stato come prima. Il cosmopolitismo greco nasce sulle ali del *logos* che con la sua universalità induce filosofi a concepirsi quali "cittadini del mondo", perché la terra non può che appartenere, in modo comune, a tutti gli uomini, considerati come un'unica specie e un'unica famiglia. Non è un caso che all'interno della cultura greca si sviluppi il *razionalismo critico* di Socrate che ha consapevolezza di *saper solo di non saper nulla*, avviando la tradizione del razionalismo critico-dialogico con il quale la riflessione diventa un'abitudine sociale, mediante la quale più che la *tesi*, conta l'*argomentazione* con la quale la si dimostra. Entro questo confronto critico aperto, Socrate sa come *la conoscenza non possa che coincidere con la ricerca della conoscenza*. In questo ambito è fiorita la voce della *coscienza morale*. In Socrate si configura come quella del dio che gli impone di svolgere la sua missione filosofica, onde svegliare i suoi concittadini. È noto l'esito fatale di questa prassi socratica, giacché gli ateniesi lo hanno ripagato, per questa costante funzione di stimolo critico, con la morte, assegnandogli una generosa dose di cicuta... Se così Socrate educava con la maieutica, la democrazia ateniese ci insegna come si possa morire per la maieutica, soprattutto là dove si pensa di soffocare il pensiero con la violenza (la violenza è aristotelicamente, *l'ultimo argomento*, ovvero l'"argomento" di chi non ha argomenti...).

Ma a fronte della violenza perpetrata per soffocare delle idee, la storia attesta una resilienza singolare: la morte comminata a Socrate eternizza il suo insegnamento (inchiodando alla gogna della storia i suoi giudici corrotti). Così, ben presto, la voce della coscienza è riemersa nella predicazione del Maestro del Vangelo, che pure ha operato in un contesto storico dominato dalla schiavitù. Tuttavia, passando in questo caso attraverso la morte ignominiosa della crocifissione, la voce della *moralità*, a dispetto della stessa storia del cristianesimo (che ha compiuto innumerevoli nefandezze), è riemersa, pur con tutte le sue antinomie storiche, nell'azione della Rivoluzione francese che ha fatto entrare nella storia umana, *con la forza*, il riconoscimento e la tutela civile dei *diritti* ed anche del "diritto di aver diritti".

In tal modo, pur con tutte le mille e infinite contraddizioni della storia, la tematica dei diritti è stata posta all'ordine del giorno della civiltà e da allora lo sviluppo della modernità, pur con tutte le sue terribili antinomie, ha intrecciato, come si è visto, *conoscenza* e *libertà* gettando le salde premesse per un movimento storico di progressiva ed irreversibile *liberazione dell'uomo* che oggi si dilata a livello planetario, imponendo all'uomo un decisivo salto di qualità morale per prendere consapevolezza critica del proprio genere, onde tutelare la vita e il diritto all'esistenza di tutte le forme di vita presenti sul nostro pianeta, l'unica Terra di cui disponiamo. *Hic Rodus hic salta*: o l'uomo saprà far sua questa sfida planetaria, costruendo un Parlamento mondiale quale luogo per una rappresentanza universale e democratica di tutti gli uomini viventi sulla Terra, oppure la vita stessa sul nostro pianeta rischierà di andare incontro ad una immane catastrofe ecologica, alla fine della quale l'uomo scomparirà, mentre continueranno a vivere insetti o entomi, ovvero animali appartenenti al grande *phylum* degli *Arthropoda*, il più grande tra i raggruppamenti di animali che popolano il nostro pianeta, annoverando oltre un milione di specie, pari ai cinque sesti dell'intero regno animale…

Luciano Neri

PARLAMENTO MONDIALE: UN NUOVO INIZIO. SE NON ORA, QUANDO?

Abbiamo bisogno dei mondiologhi.
Ernesto Sabato

1

Poco meno di venti anni fa, nel 2003, in un saggio sul mondo presente e futuro, Mario Capanna avanzò il progetto di un Parlamento Mondiale come risposta possibile ai pericoli che minacciano la Terra.

Le emergenze climatiche e ambientali, le guerre in corso e quelle che rischiano di esplodere, il rischio nucleare, la crisi delle democrazie, il collasso dell'Onu, le violazioni sistematiche delle norme del diritto internazionale, il potere incontrollato delle grandi trasnazionali, rendono oggi quella proposta non solo necessaria ma anche più urgente.

Una proposta che, comunque la si pensi, è all'altezza della sfida imposta dalle trasformazioni profonde, regressive, con tratti neofeudali, introdotte in questi decenni nel sistema politico, istituzionale, economico e giuridico internazionale. Decenni nei quali sono deflagrati, o maturati nelle loro forme più tragiche e impunite, conflitti devastanti e guerre in quasi tutti i continenti, dalla Libia all'Iraq, dall'Ucraina alla Siria, dallo Yemen alla Somalia, dalla Nigeria all'intero centro Africa. Non ci sono state transizioni democratiche, ma decine di colpi di stato, o di tentati: dall'Egitto alla Bolivia, dall'Honduras alla Thailandia, dal Paraguay alla Turchia, dall'Ucraina alla Birmania. Oltre 20 nel solo continente africano.

Tutte le crisi, economica, sociale, climatica, sanitaria, migratoria, alimentare, della democrazia e belliche si stanno sommando, rischiando di portare le condizioni esistenziali degli umani ad un inedito livello di criticità. Gli Stati Uniti si sono ritirati dal Trattato INF (*Intermedie – Range Nuclear Forces*) con la Russia firmato nel 1987 da Ronald Reagan e Mikhail Gorbaciov per mettere al bando i missili a raggio intermedio. Così come si sono ritirati dall'accordo sul nucleare iraniano, firmato nel 2015 dai Paesi del Consiglio di Sicurezza Onu più la Germania. Come risposta Teheran ha aumentato al 20% l'arricchimento dell'uranio dichiarando contestualmente di essere in condizione di raggiungere "facilmente" il 90% di arricchimento, soglia che consente la produzione dell'atomica. Gli Stati Uniti e la Gran Bretagna soprattutto, e per reazione anche le altre potenze, hanno approvato miliardari piani di potenziamento delle armi atomiche. Il Comitato per le minacce ad alto rischio dell'Onu, assieme ai più qualificati studiosi di strategie nucleari, come ad esempio l'ex segretario della Difesa degli Stati Uniti, William Perry, considerano *"la probabilità di una catastrofe nucleare più elevata oggi che non negli anni della guerra fredda"*, quando la catastrofe fu più volte sfiorata ed evitata per un nulla.

2

La proposta del Parlamento Mondiale è importante perché impone una riflessione sui cambiamenti strutturali a livello globale intervenuti negli ultimi 30 anni.

Viviamo in un tempo nel quale, come diceva Gramsci, il passato non c'è più e il nuovo stenta a nascere. Un limbo nel quale possono prendere corpo gli accadimenti più pericolosi.

Il vecchio sistema capitalistico, fondato sulla produzione di beni da parte di lavoratori compensata con un salario da parte dei padroni delle imprese, si è in questi ultimi decenni involuto in un neoliberismo finanziario incontrollato e incontrollabile, fondato sulla speculazione a discapito della produzione, per poi degenerare nel sistema neofeudale – liberista nel quale siamo immersi oggi. Un sistema nel quale, assieme all'uso degli strumenti di controllo e di comando più sofisticati, emergono diffusamente pratiche e figure di feudatari e di servi della gleba, nella società e nella rete, ambito nel quale sono più evidenti i processi di feudalizzazione in corso, con pochi sovrani (ricchissimi) e tanti servi della gleba (sempre più poveri, di pane, di lavoro, di diritti, di conoscenza). Il dominio dei pochi che hanno tutto viene esercitato esclusivamente attraverso la forza, usata o minacciata contro nemici o per riallineare amici dubbiosi. Lo storico equilibrio tra apparato produttivo, apparato finanziario e politica è saltato. L'apparato finanziario è cresciuto a dismisura, si è ipertrofizzato ed ha mangiato sia l'apparato produttivo che la politica.

Oggi sono le multinazionali, le grandi trasnazionali bancarie e finanziarie a dettare le priorità alla politica, a nominare i governi, ad eleggere i Parlamenti, i Presidenti dello Stato e dei consigli di amministrazione. Mai come oggi, per usare una frase di John Dewey, la politica è l'ombra proiettata sulla società dai grandi interessi economici. Gli effetti perversi determinati dal neofeudalesimo-liberista sono in tutta evidenza rappresentati dal dato delle borse che, nella prima fase, in piena pandemia, sono cresciute mediamente del 9-12%, mentre il Pil europeo precipitava dell'8–10%.

La traduzione è che con la crisi economica, con la disoccupazione, con la sofferenza sociale e umana, il sistema neofeudale, le multinazionali, i grandi gruppi bancari transazionali e le società del settore finanziario speculativo ci guadagnano.

La sofferenza delle persone e il crollo dell'economia reale costituiscono per questi settori un investimento, la principale fonte di arricchimento.

Delle migliaia di miliardi di dollari movimentati in tempo reale ogni giorno per via telematica, il 95% – il 95%! – è finalizzato alla speculazione, nel perverso gioco degli arbitraggi e dei differenti tassi di interesse. Solo il 5% – il 5%! – è il prodotto di transazioni economiche reali per l'acquisto, ad esempio, di materie prime, derrate alimentari, medicinali, macchinari agricoli ecc. (fonte Onu). Nel loro insieme Amazon, Facebook, Apple, Google, Microsoft, valgono (esclusi Stati Uniti, Cina, Germania e Giappone) più di tutti i Paesi del mondo messi insieme.

Una condizione, quella dell'epoca contemporanea, del tutto simile a quella descritta da Marx con la metafora sul ruolo del mulino nel passaggio all'era industriale. I contadini erano costretti a macinare il grano nel mulino del loro signore, servizio per il quale dovevano pagare. Non solo dunque lavoravano terre che non possedevano, ma vivevano in condizioni nelle quali il feudatario era, come afferma Marx, "signore e padrone del processo di produzione e dell'intera vita sociale". Nel neofeudalesimo contemporaneo, le piattaforme digitali sono i nuovi mulini, i loro proprietari miliardari sono i nuovi signori feudali, le migliaia di lavoratori e i miliardi di utenti i nuovi servi della gleba. È questa la grande differenza tra il capitalista, il cui profitto è il risultato del valore aggiunto generato dai lavoratori salariati con la produzione di beni, dal signore feudale che trae profitto dal monopolio, dalla coercizione e dalle concessioni. Una nuova articolazione del potere a livello globale caratterizzata dalla sudditanza totale dei governi a queste poche e immense aziende alle quali tutto viene concesso, persino il diritto di non pagare le tasse. Un livello inedito di concentrazione di poteri e di ricchezze tali minare alla radice le regole, i principi ed i valori dei sistemi liberaldemocratici. Il neofeudalesimo liberista è oggi il nemico principale della democrazia liberale.

3

La proposta del Parlamento Mondiale trova naturale legittimazione anche nella crisi strutturale dell'Onu e del sistema di norme internazionali costruito nel periodo *post* bellico dalle potenze vincitrici. Crisi che è conseguenza di un processo di cannibalizzazione, di delegittimazione e di smantellamento del "sistema Onu" da parte dei propri creatori. Una costante degli ultimi decenni, una pratica indispensabile per un sistema di potere che si nutre di forza, non di diritto.

Ormai è un coro quasi unanime a ripetere che l'Onu non è più lo strumento adeguato a garantire la sua stessa *mission* fondativa: mantenere la pace e la sicurezza internazionale. Se mai lo è stato. Le finalità che ispirarono la fondazione dell'Onu non erano quelle di costruire pace e sicurezza attraverso un sistema di norme e di leggi giuste e organismi preposti a farle rispettare. La vera e comprensibile finalità, esplicitata nel preambolo della Carta stessa, era quella di tenere il mondo lontano dalla guerra che i firmatari avevano conosciuto con i due conflitti precedenti. Ma lo fecero con un impianto organizzativo esclusivamente funzionale al potere delle Nazioni vincitrici, e con un impianto normativo finalizzato ad impedire qualsiasi ruolo decisionale a tutte le altre Nazioni aderenti.

L'Assemblea Generale dell'Onu come organismo autorevole e decisionale non è mai esistita. I suoi poteri sono nulli. Le uniche funzioni attribuite si limitano allo studio, alla raccomandazione e al suggerimento (Cap. IV, art.li 9/22 della Carta). Tutti i poteri sono attribuiti ai cinque membri del Consiglio di Sicurezza (art. 24 della Carta) che tutto possono decidere e su tutto possono mettere il veto. E d'altra parte, come potrebbero i cinque Paesi membri del Consiglio di Sicurezza essere i soggetti che salvaguardano la pace e la sicurezza di un mondo nel quale non c'è guerra della quale essi stessi non siano responsabili o nella quale non siano coinvolti? Come può il Consiglio di Sicurezza dell'Onu tutelare la pace e la sicurezza se i suoi stessi componenti sono i principali fabbricanti e venditori di armi del mondo?

A certificare l'inconsistenza dell'Onu, ormai, sono gli stessi protagonisti, senza neppure nasconderlo. "Le Nazioni Unite non esistono – afferma l'ex ambasciatore all'Onu di Bush ed ex Consigliere per la Sicurezza di Trump, John Bolton – gli Stati Uniti decidono e le Nazioni Unite devono seguire; se agire secondo gli indirizzi dell'Onu risponde ai nostri interessi, lo faremo, altrimenti no".

4

La proposta del Parlamento Mondiale ci costringe ad abbandonare il pensiero menomato e antropocentrico occidentale, il mito della conquista della natura e quello dello sviluppo umano da realizzare attraverso lo sfruttamento del pianeta e delle persone.

Il progetto del Parlamento Mondiale non è solo una necessaria proposta di istituzione globale, è anche una rivoluzione del pensiero.

Ci costringe a fare i conti con le illusioni, con la nostra idea sottosviluppata di sviluppo, con quel falso infinito nel quale ci siamo buttati chiamandolo progresso, ignorando che è il sottosviluppo etico e intellettuale degli sviluppati, il nostro, a produrre lo sviluppo dei sottosviluppati. Cosa c'è di progressista, di logico, di intelligente nel pensare e praticare un progetto infinito in un pianeta finito?

È il nostro pensiero menomato, la nostra razionalità illusoria che ci porta all'arroganza di non considerare i mondi "altri", ad ignorare le virtù, i saperi e le ricchezze di popoli e culture millenarie che hanno inscritto nel loro sviluppo antropologico e nelle loro filosofie naturalistiche e panteiste i codici più civilizzati, fondati sulla considerazione della Madre Terra come comunità indivisibile e vitale di esseri interdipendenti e uniti in un destino comune. Un pensiero menomato e delirante che pensa possibile la continuità di un mondo nel quale l'1% possiede il 99% della ricchezza. A tal punto menomato da arrivare a riconoscere scientificamente solo qualche anno fa ciò che nel pensiero e nelle pratiche di tanti popoli è codificato e applicato da migliaia di anni.

Come noto, in occidente il termine "Antropocene", come definizione dell'era geologica caratterizzata dal riconoscimento che le criticità del pianeta sono determinate dal comportamento umano, è entrato ufficialmente nel dibattito scientifico solo nel 2000, grazie al chimico premio nobel Paul Crutzen. Una teoria che, per le indagini dalle quali parte e per le conclusioni alle quali arriva, mette in discussione il nostro modo di pensare, di produrre e di consumare. Il nostro modo di vivere con e nella Madre Terra. Ma la riflessione sui movimenti tellurici che venivano prodotti dal comportamento umano sull'ambiente in realtà si era sviluppato molto prima, per tutta la seconda metà dell''800, ma quel termine, "Antropocene", non era mai stato riconosciuto e utilizzato, era stato cancellato per lasciare il posto al termine anestetizzato, del tutto inefficace, di Olocene. Ultima era del quaternario.

Perché avvenne questa menomazione concettuale e scientifica? Perché l'Ordine Internazionale dei Geologi e i tecnici del tempo erano già al servizio della nascente industria estrattiva del petrolio e del carbone. L'asservimento ai poteri, lo stravolgimento dei saperi e il mercenariato delle cosiddette *élite* tecnoscientifiche non è una caratteristica esclusiva dell'oggi.

I processi di analfabetizzazione pianificata in questi 30 anni dal neoliberismo feudale stanno costringendo le *popolazioni zombie* dei Paesi occidentali a guardare la realtà dal buco della serratura, con un riduzionismo cognitivo e analitico fondato sulla cancellazione del resto del mondo. Del quale nulla sappiamo. E del quale non ci occupiamo né ci preoccupiamo.

Non vediamo che una rivoluzione antropologica del pensiero su questi temi, un cambio di paradigma e un impegno conseguente lo stanno portando avanti in molti, risultato di consapevolezza e responsabilità. I popoli indigeni originari innanzitutto. È la *Pachamama* dei popoli indigeni dell'America Latina, è lo *Shan* dei nativi europei, è lo spiritualismo panteista dei nativi americani. Cambiano i nomi ma il significato resta lo stesso: la *Madre Terra* come essere vivente, che ha generato tutto ciò che esiste nel pianeta, che se ne prende cura e del quale noi umani a nostra volta dovremmo prenderci cura.

So bene che questo concetto, apparentemente così semplice, è impossibile da comprendere se si concepisce il mondo sulla base del patologismo antropocentrico che pone l'uomo al centro dell'universo, in un rapporto conflittuale con il pianeta e con il diritto di sfruttare tutto ciò che ha intorno, dalle risorse naturali agli animali.

Ma il concetto di pianeta vivente, di *Terra Madre* della cosmologia indigena, di corpo vivo e complementare a tutti gli esseri, non è forse lo stesso che, magari partendo da punti di osservazione diversi e con articolazioni analitiche complementari, è stato sviluppato oggi da alcuni degli scienziati, degli economisti e degli intellettuali contemporanei più prestigiosi dell'occidente? Da Fritjof Capra a Ilya Prigogine, da Edgar Morin a Stéphane

Hessel, da Zygmunt Bauman a Noam Chomsky, da Thomas Piketty a Joseph Stiglitz. Fino a *leader* religiosi come Papa Francesco e il Dalai Lama.

Non è forse la filosofia indigena della *Madre Terra* quella che ritroviamo nell'eretica e meravigliosa enciclica *Laudato si'* di papa Francesco? Una riflessione talmente radicale e necessaria che interroga tutti, laici e religiosi, chiamandoli alla riflessione e, soprattutto, alla lotta. Partendo dal *Cantico delle Creature*, Bergoglio arriva alla *Madre Terra*, entità viva, titolare di diritti, riconoscendola come "...sorella con la quale condividiamo l'esistenza, madre bella che ci accoglie tra le sue braccia" (cfr. *Laudato si'*, n. 1). Partendo dal principio che tutto è connesso (n. 138), Francesco condanna "l'antropocentrismo dispotico che non si interessa delle altre creature" (n. 68). Un documento positivamente contaminato dalle culture indigeniste latinoamericane, rappresentate da *leader* nativi che Bergoglio, nell'indignazione dei settori confessionalmente arcaici e dogmaticamente clericali, ha voluto con sé in Vaticano in occasione del sinodo sull'Amazzonia. *Querida Amazzonia* rappresenta l'attualizzazione di un pensiero e il superamento, attraverso il rapporto con la laicità e con il naturalismo indigenista, dell'arcaicità antistorica della *Genesi* ("Facciamo l'uomo a nostra immagine e somiglianza, e domini sui pesci del mare e sugli uccelli del cielo, sul bestiame, su tutte le bestie selvatiche e su tutti i rettili" – cfr. *Genesi* 26).

E ancora, quale è la differenza tra la millenaria filosofia indigena della *Madre Terra* viva, indivisibile e autoregolata con la analoga teoria di Gaia, che lo scienziato britannico James Lovelock elaborò e diffuse nel 1979? La teoria di Gaia, così la battezzò Lovelock, dandole lo stesso nome che i Greci avevano dato alla "Madre Terra". Una teoria che considera il pianeta Terra un organismo biologico, un essere vivente capace di autoregolarsi e di mantenere le condizioni materiali necessarie per la vita sua e degli esseri che la abitano.

5

Se quello occidentale resta un modello di pensiero e di potere ristretto, nazionalistico, patriarcale e "patriottico", quello indigenista ha un carattere universale (in quanto rivolto a tutto il pianeta e a tutti gli esseri), è "matriottico", al femminile, consapevole della propria origine e rispettoso della Madre Terra genitrice, generosa e saggia. Un pensiero che non è rimasto confinato al filosofico o, come erroneamente pensano molti occidentali, al livello testimoniale di popoli marginali e in via di estinzione. Quel pensiero è stato ed è protagonista dei cambiamenti politici, culturali, istituzionali e costituzionali più innovativi degli ultimi decenni. Specialmente in America Latina.

Le comunità indigene, che sono maggioranza o rappresentano larghe minoranze in molti Paesi, hanno recuperato la loro storia millenaria e sono diventate protagoniste di lotte, di governi e di un altro mondo possibile dopo il fallimento dei partiti progressisti e sviluppisti: a partire dal Pt (Partito dei Lavoratori) di Lula in Brasile e dal Partito Socialista in Cile.

Particolarmente significativa in questo senso è l'esperienza indigenista in Bolivia, un Paese storicamente segnato dai colpi di stato della minoranza (15%) bianca, ricca ed europea contro la maggioranza indigena (60%) rappresentata dalle 32 nazionalità originarie, tra le quali le due maggioritarie, Aymara e Quechua. Milioni di persone per 500 anni sono state tenute in condizioni di schiavitù e private dei diritti basici, dello stesso diritto di esistere come esseri umani. Fino a quando, nel 2006, dopo mesi di lotte i movimenti sociali e indigeni non hanno sconfitto i militari, imposto libere elezioni e conquistato il Parlamento e il governo. Evo Morales, Aymara della provincia del Chaparè, è stato il primo presidente indigeno boliviano ad essere eletto in quell'area geografica a oltre 500 anni dalla conquista. È da quel momento che inizia l'altra storia, la primavera dei diritti e dell'emancipazione degli umili nel Paese più militarizzato e povero dell'America latina. I saperi ancestrali non recuperano solo una storia identitaria che si riconosce con le lotte per l'indipendenza del XVIII secolo e con icone rivoluzionarie anticoloniali come Tupak Katari e Tupak Amaru. Quei saperi, la filosofia della *Pachamama*, del *vivir bien* diventano la base politica e culturale delle conquiste civili, sociali, economiche e costituzionali che seguiranno. Negli anni successivi la Bolivia nazionalizza le risorse naturali ed energetiche, promuove programmi di sviluppo per i settori più umili fino ad allora esclusi, sconfigge la povertà estrema e l'analfabetismo, diventando il Paese dell'America Latina con la crescita annuale più alta e con il più alto indice di redistribuzione della ricchezza prodotta. Distribuisce le terre, bandisce gli organismi geneticamente modificati in agricoltura e avvia la realizzazione di banche del germoplasma per salvaguardare i semi originari.

Ma il riconoscimento più forte dei diritti delle nazioni indigene arriva nel 2009 con l'approvazione della nuova Costituzione che consacra e istituisce lo "Stato Plurinazionale di Bolivia", ampliando la nozione del diritto di cittadinanza con il riconoscimento delle "nazioni e popoli indigeni originari e contadini". Viene ufficializzata la doppia bandiera, quella storica e la Whipala, la bandiera multicolore delle nazionalità indigene. Un processo che chiede allo Stato di adattarsi alla pluralità dei soggetti e delle esperienze storiche della sua gente. È stato un processo originale certamente difficile, non privo di difficoltà e contraddizioni, come comprensibile in un Paese nel quale non era mai esistita alcuna forma di organizzazione o rappresentanza politica effettiva, nessuna istituzione democratica, storicamente segnato da una oppressione brutale e da una povertà estrema.

Ma la piccola Bolivia è diventata un esempio per tutta l'America Latina, e non solo. Nel 2010 Evo Morales ha presentato all'Assemblea Generale delle Nazioni Unite la *Dichiarazione Universale dei Diritti della Madre Terra*. Una sfida culturale coraggiosa che, partendo dal riconoscimento della Terra come comunità indivisibile e vitale di esseri interdipendenti e correlati, ne riconosce i diritti e ne raccomanda il rispetto e la tutela. E se la Dichiarazione è ancora in discussione all'Onu, qualche effetto è riuscita a produrlo. È stata approvata da diverse città in America Latina e nel mondo, sta suscitando riflessioni, stimolando dibattito e creando coscienza.

L'esempio della piccola Bolivia ci dice che immaginare e costruire realtà nuove è possibile anche nei contesti più difficili, e che pensare diversamente è una condizione vitale che accompagna i cambiamenti irrimandabili.

Una rivoluzione paradigmatica e mentale più importante della rivoluzione copernicana.

Se vogliamo uscire dall'età del ferro planetario nel quale siamo ancora immersi.

Se vogliamo costruire una nuova umanità solidale che condivide un destino comune con la Terra e con tutti gli esseri che la abitano.

RECAPITI

Il Laboratorio per il Parlamento mondiale – che presiede ai contenuti del volume che hai appena letto – mira a divenire in breve tempo un Centro interuniversitario, aperto a tutti coloro che, condividendone gli obiettivi, intendano farne parte.

Questi sono i recapiti web del sito in allestimento e ai quali puoi comunque contattarci:
www.parlamentomondiale.eu
info@parlamentomondiale.eu
segreteria@parlamentomondiale.eu

Ti aspettiamo.

SUGLI AUTORI

MARIO CAPANNA

Città di Castello (Perugia), 1945. Laureato in filosofia (allievo, tra gli altri, di Emanuele Severino e Ludovico Geymonat), scrittore, giornalista pubblicista, coltivatore diretto, apicoltore, attivista ambientalista e pacifista. Leader studentesco del Sessantotto, segretario di Democrazia Proletaria, consigliere regionale della Lombardia (1975-1980), consigliere comunale a Milano (1980), deputato al primo Parlamento europeo (1979-1984) e poi nazionale per due legislature (dal 1983 al 1992). Autore di pubblicazioni di successo, tra le quali: "Formidabili quegli anni"(1988, ripetutamente riedito), "Arafat. Intervista al Presidente dello Stato palestinese" (1989), "Speranze. Giovani, etica, politica" (1994), "Verrò da te. Il mondo presente e futuro" (2003), "Coscienza globale. Oltre l'irrazionalità moderna" (2006), "Noi tutti" (2018).

STEFANIA BARILE

Legnano (Milano), 1969. Insegna Filosofia e Scienze Umane presso i Licei Manzoni di Varese. Dottore di ricerca in Diritto e Scienze Umane, collabora in qualità di ricercatrice con il Centro Internazionale Insubrico dell'Università degli Studi dell'Insubria nell'ambito della Filosofia Estetica, della Didattica della filosofia e dell'Educazione civica. Ha partecipato a Convegni e Seminari nazionali e internazionali. Nominata cultrice della materia dall'Ateneo insubrico per Filosofia teoretica e Filosofia della scienza, è impegnata in attività di formazione e di coordinamento del progetto universitario Giovani Pensatori, della Commissione Legalità del Centro Internazionale Insubrico, di cui è anche l'ideatrice, e del civic engagement lab "Legalità come prassi". Conduce il programma radiofonico Filosofia per tutti e fa parte delle redazioni delle riviste universitarie Materiali di Estetica (Università degli Studi di Milano) e Il Protagora (Università degli Studi dell'Insubria). È autrice di numerosi saggi, inerenti la filosofia dell'arte e la formazione civica, pubblicati su riviste scientifiche e volumi collettanei.

FABIO MINAZZI

Varese, 1955. Allievo di Ludovico Geymonat e Mario Dal Pra, ha poi svolto il proprio dottorato di ricerca lavorando con Evandro Agazzi (a Friburgo, Svizzera) e con Jean Petitot (a Parigi). Ordinario di Filosofia della Scienza presso l'Università degli Studi dell'Insubria e Direttore scientifico del Centro Internazionale Insubico che ha fondato e diretto dal 2009 ad oggi. Presso questo Centro di ricerca ha raccolto una trentina di Archivi storici di filosofi democratici (da Carlo Cattaneo ad Antonio Banfi e i suoi principali allievi), unitamente a una decina di Biblioteche d'Autore formando un centro di documenti per lo studio della filosofia della scienza italiana del Novecento, con particolare riferimento alla tradizione milanese. Ha pubblicato più di centinaio di volumi (31 monografie, una settantina di curatele e oltre cinquecento articoli, studi e contributi vari apparsi in varie lingue) configurandosi come uno dei principali studiosi della tradizione del razionalismo critico europeo e della "scuola di Milano", in particolare. Con Mario Capanna ha sviluppato, nel corso dei decenni, un rapporto che dalla comune militanza civile li ha coinvolti in molte altre iniziative.

LUCIANO NERI

Città di Castello (Perugia), 1955. Analista internazionale, Presidente del Centro Relazioni Internazionali, per molti anni consigliere politico presso il Ministero degli Esteri italiano nel settore geografico delle Americhe e in quello tematico degli italiani nel mondo. In questo settore ha ricoperto la carica di Consigliere del CGIE (Consiglio Generale degli Italiani all'Estero). Presidente del Consiglio Regionale dell'Umbria dal 1993 al 1995. Ha fatto parte della redazione di Akwesasne Notes, principale rivista "indigena" degli Stati Uniti, nonché del gruppo di Dialogo per la pace tra israeliani e palestinesi. Ha fondato e coordinato alla fine degli anni '90 l'International Coalition to Abolish the death penalty. Collabora stabilmente con 24marzo Onlus, l'associazione che promuove e porta avanti i processi penali contro i militari delle dittature latinoamericane, Argentina in particolare, responsabili di reati di lesa umanità e del sequestro, della "desaparaciòn" e dell'assassinio di cittadini italiani.

ROMOLO PERROTTA

Cosenza, 1962. Educatore, agricoltore biologico, già attivista antimilitarista e nonviolento, dottore di ricerca all'Istituto di Filosofia dell'Università di Vienna e ricercatore del Dipartimento di Culture, Educazione e Società dell'Università della Calabria, si occupa di fenomenologia ed etologia umana, origini cristiane, scuola e politiche di rinnovamento. In tali ambiti ha scritto numerosi saggi e monografie anche in lingua tedesca. Per Santelli Editore dirige diverse Collane. Di recente ha pubblicato: "Fatti d'amore. Alla luce del Cantico dei Cantici", "101 Pensieri alla porta. Per la meditazione individuale e di gruppo", "Sulle tracce di… Lidia Menapace".

* 9 7 8 8 8 9 2 9 2 9 8 8 3 *